Deutsche Grammatik

Peter Gallmann   Horst Sitta

Interkantonale Lehrmittelzentrale
Lehrmittelverlag des Kantons Zürich

ilz Lehrmittel der Interkantonalen Lehrmittelzentrale

Autoren
Peter Gallmann
Horst Sitta

Grafische Gestaltung
Hans Rudolf Ziegler

Nach Rechtschreibreform 2006
Ausgabe mit Eszett

© Lehrmittelverlag des Kantons Zürich
5. Ausgabe 2007, vollständig überarbeitet (2004)
Printed in Switzerland
ISBN 978-3-03713-285-2
www.lehrmittelverlag.com

Inhaltsverzeichnis

Die Zahlen verweisen auf die Seitenzahlen (nicht auf die Randziffern).

Hinweise zur Benutzung	**9**
Die Proben	**11**
Die Ersatzprobe	12
Die Ablese- oder Listenprobe	14
Die Einsetzprobe	15
Die Flexionsprobe (Veränderungsprobe)	16
Die Erweiterungsprobe	17
Die Weglassprobe	17
Die Verschiebeprobe (Umstellprobe)	18
Die Umformungsprobe	19
Laute und Buchstaben	**21**
Wortlehre	**25**
Die fünf Wortarten	**26**
Wort – Flexion – Wortarteinteilung	26
Zur Geschichte der Wortarteinteilung	31
Das Verb	**34**
Überblick	34
Die Gebrauchsweisen des Verbs	34
Hilfsverben	34
Modalverben und modifizierende Verben	35
Transitive und intransitive Verben	35
Reflexive Verben	35
Verben mit mehr als einer Gebrauchsweise	36
Finite und infinite Verbformen	36
Finite Verbformen (Personalformen)	36
Infinite Verbformen	36
Der Infinitiv	36
Das Partizip I	37
Das Partizip II	37
Der Verbzusatz	38

Das Tempus (die grammatische Zeit)	38
Das Präsens	40
Das Futur I	40
Das Präteritum	40
Das Perfekt	41
Das Futur II	41
Das Plusquamperfekt	41
Der Modus	42
Der Indikativ	42
Der Imperativ	43
Der Konjunktiv I	43
Der Konjunktiv II	43
Konjunktiv I und II in der indirekten Rede	44
Die Diathese (Handlungsrichtung): Aktiv und Passiv	45
Varianten zum Passiv	47
Die Konjugationsarten	47
Zum Indikativ Präsens und zum Imperativ der starken Verben	48
Zur Herleitung der Konjunktivformen	49
Übersicht über die Formen eines Verbs	49
Die infiniten Verbformen	49
Die finiten Verbformen im Imperativ	50
Die finiten Verbformen im Indikativ	50
Die finiten Verbformen im Konjunktiv I	51
Die finiten Verbformen im Konjunktiv II	52

Das Nomen (Substantiv)	**53**
Überblick	53
Das Genus (das grammatische Geschlecht)	53
Der Numerus (die grammatische Zahl)	54
Die vier Kasus (Fälle)	55
Die Kasusformen	56
Die Kennformen des Nomens	57

Das Pronomen	**58**
Überblick	58
Pronomen als Begleiter und Stellvertreter	58
Zur Deklination der Pronomen	59
Die zehn Unterarten des Pronomens	60
Das Personalpronomen	61
Das Reflexivpronomen	62
Das Possessivpronomen	62
Das Demonstrativpronomen	63
Der bestimmte Artikel	64
Das Interrogativpronomen	64
Das Relativpronomen	65
Das bestimmte Zahlpronomen	66

Das Indefinitpronomen	66
Der unbestimmte Artikel	67

Das Adjektiv 68
Überblick	68
Adjektivisch gebrauchte Partizipien	69
Die Gebrauchsweisen des Adjektivs	69
Attributive Adjektive	69
Nominalisierte Adjektive	70
Prädikative Adjektive	71
Adverbial gebrauchte Adjektive	72
Beschränkungen im Gebrauch der Adjektive	74
Die Deklination des Adjektivs	74
Die Komparation des Adjektivs	76

Die Partikel 77
Überblick	77
Die Präposition	78
Die beiordnende Konjunktion	80
Die unterordnende Konjunktion (Subjunktion)	81
Die Interjektion	81
Das Adverb	82
Allgemeines	82
Pronominaladverbien	83
Die Komparation von Adverbien	83

Wortbildung 84
Zusammensetzungen	84
Ableitungen	86
Kurzwörter	87

Satzlehre (Syntax) 89

Der Satz 90

Die verbalen Teile 91
Die finite Verbform (die Personalform)	92
Die infiniten Verbformen als verbale Teile	92
Infinitiv	93
Partizip I und II	93
Der Verbzusatz	94

Wortgruppen: Satzglieder und Gliedteile	95
Grundbegriffe	95
Formale Merkmale von Satzgliedern und Gliedteilen	97
Nominalgruppen	97
Begleitergruppen	98
Adjektiv- und Partizipgruppen	98
Adverbgruppen	98
Präpositionalgruppen	98
Konjunktionalgruppen	99
Funktionale Merkmale von Wortgruppen	100
Inhaltliche Merkmale von Wortgruppen	103
Übersicht über Satzglieder und Gliedteile	104
Form und Funktion der Satzglieder	104
Zur Klassifikation der Gliedteile	105
Die Nominalgruppen im Einzelnen	105
Nominalgruppen im Nominativ	105
Das Subjekt	105
Der prädikative Nominativ (Gleichsetzungsnominativ)	107
Der Anredenominativ	107
Nominalgruppen im Akkusativ	108
Das Akkusativobjekt	108
Der prädikative Akkusativ (Gleichsetzungsakkusativ)	108
Der adverbiale Akkusativ	109
Nominalgruppe im Dativ: das Dativobjekt	109
Nominalgruppen im Genitiv	109
Das Genitivobjekt	109
Der adverbiale Genitiv	109
Das Genitivattribut	110
Die Apposition	110
Zur Begründung dieser Satzgliedlehre	111
Die Satzformen	113
Finite Verbform an zweiter Stelle (Verbzweitsatz)	113
Finite Verbform an erster Stelle (Verberstsatz)	114
Finite Verbform an letzter Stelle (Verbletztsatz)	114
Infinite Verbalphrasen (Infinitiv- und Partizipphrasen)	115
Die Ausklammerung ins Nachfeld	115
Besonderheiten	116
Satz- und Äußerungsarten	117
Aussagesätze (Deklarativsätze)	117
Fragesätze (Interrogativsätze)	118
Ausrufesätze (Exklamativsätze)	118
Aufforderungssätze	119
Wunschsätze	119
Äußerungen und Äußerungsabsicht	119

Einfache und zusammengesetzte Sätze	**121**
Hauptsatz und Nebensatz	121
Satzwertige Fügungen und Ellipsen	122
Parenthesen	123
Die Nebensätze im Einzelnen	**124**
Die Einteilung der Nebensätze	124
Die Form der Nebensätze	124
Konjunktionalsätze	124
Pronominalsätze	125
Uneingeleitete Nebensätze	126
Satzwertige Infinitivgruppen (Infinitivsätze)	126
Satzwertige Partizip- und Adjektivgruppen (Partizip- und Adjektivsätze)	126
Die Funktion der Nebensätze	127
Zum Inhalt der Nebensätze	128
Satzgefüge mit Relativsätzen	128
Satzgefüge mit Inhaltssätzen	130
Zur Form der Inhaltssätze	130
Zur Bedeutung der Inhaltssätze	130
Direkte und indirekte Rede	131
Fragenebensätze	132
Satzgefüge mit Verhältnissätzen	134
Kausale Nebensätze	134
Konsekutive Nebensätze	135
Konzessive Nebensätze	136
Temporale Nebensätze	136
Konditionale Nebensätze	137
Adversative Nebensätze	138
Finale Nebensätze	138
Modale Nebensätze	139
Sach- und Wortregister	**141**

Hinweise zur Benutzung

Die hier vorgelegte *Deutsche Grammatik* ist erstmals 1985 im Kantonalen Lehrmittelverlag erschienen; sie ist von allem Anfang an – vor allem in der Schule – außerordentlich freundlich aufgenommen worden. Jetzt liegt die vierte Neubearbeitung vor. Wie schon bei den früheren Revisionen von 1990 und 1996 ist kein neues Buch entstanden. Vielmehr haben wir an Grundsätzlichem bewahrt, was auch für die früheren Auflagen prägend gewesen ist, nämlich zum Beispiel:

– Wir versuchen in unserer Darstellung eine möglichst saubere Trennung von Form, Funktion und Inhalt. Wo es um die terminologische Fassung von Inhaltlichem geht, überwiegen die deutschen Termini; die lateinischen dominieren dort, wo es um Form und Funktion geht.

– Wir trennen möglichst streng zwischen Begriff und Terminus: Der Begriff betrifft die Sache, der Terminus die Bezeichnung: *Tätigkeitswort, Zeitwort, Tunwort* oder *Verb* sind unterschiedliche Termini (Bezeichnungen) für ein und denselben Begriff: die konjugierbare Wortart.

Bei der jetzigen Neubearbeitung kommt hinzu:

– In der Satzlehre haben wir (zurückhaltend) einige Neuerungen der Duden-Grammatik von 2005 übernommen.

– Ein neues kleines Kapitel informiert über die Satzformen des Deutschen.

– Die (etwas kleiner gedruckten) Hinweise für Lehrerinnen und Lehrer sind vertieft und erweitert worden.

– Wir haben die gesamte Darstellung auf hoffentlich noch bessere Verständlichkeit hin überarbeitet und haben zur Förderung des vernetzten Wissens auch zusätzliche Querverweise eingebaut.

Worin liegt – sieht man von diesen allgemeinen Punkten ab – der spezifische Nutzen dieser kleinen Grammatik? Wir sehen es so: In der Schule ebenso wie im Alltag spielen zwei Grammatiken, an denen wir mitgearbeitet haben, eine wichtige Rolle. Die eine ist die Duden-Grammatik; die andere ist «Richtiges Deutsch» von Walter Heuer. Man kann sich fragen – und wir haben uns das sehr genau gefragt –, ob man in dieser Situation *noch* ein Buch machen sollte (und ob gerade *wir* es machen sollten). Wir haben uns – trotz Bedenken – dazu entschlossen, weil wir feststellen mussten, dass die beiden genannten Grammatiken in der Praxis oft als nicht hilfreich genug empfunden werden, weil sie Lösungen für Normalprobleme nicht handlich und nicht übersichtlich genug anbieten.

Genau hier soll dieses Buch ansetzen. Es soll nicht enzyklopädisch alle Fragen behandeln, die die Arbeit an Grammatik aufwirft. Vielmehr soll darin nachgeschlagen werden können zur raschen Beantwortung *einfacher* Fragen, die sich im Zusammenhang mit Grammatik stellen, nicht zuletzt: in der Schule, und so weit sie sich stellen. Das Buch soll dabei die beiden anderen, umfangreicheren Grammatiken nicht ersetzen, vielmehr auf sie hinführen, sie der Benutzung zugänglicher machen.

Man kann das Buch – wenn man will – von vorn nach hinten lesen. Es behandelt zuerst die Proben, die heute überall in der Grammatik eine Rolle spielen, dann nacheinander Laute und Buchstaben, Wortlehre, Wortbildungslehre und Satzlehre. In der Wortlehre behandelt es nacheinander Verb, Nomen, Pronomen, Adjektiv und Partikel. In der Satzlehre geht es zuerst um den einfachen, dann um den zusammengesetzten Satz.

Man kann das Buch auch abschnittweise lesen, so etwa, wenn man sich knapp über ein bestimmtes Gebiet informieren will, zum Beispiel: Was für Satzglieder gibt es eigentlich? Welche gibt es über die hinaus, die in die Sprachbücher Eingang gefunden haben?

Man kann schließlich auch von den Einzelerscheinungen her arbeiten. Wer das vorhat, sollte am besten vom Register her lesen.

Bei unserer Arbeit hatten wir zu Beginn die Hilfe von Walter Flückiger und Max Huwyler sowie von Christiane Richle und Katharina Suter, danach von Afra Sturm und Petra-Kristin Bonitz. Ihnen allen danken wir herzlich.

Zürich, im Juni 2007

Peter Gallmann
Horst Sitta

Die Proben

Die Proben

1 In der Grammatik spielen an verschiedenen Stellen eingespielte Such- und Bestimmungsverfahren eine Rolle. Man nennt sie **Proben** oder **Operationen**. Mit ihrer Hilfe kann man grammatische Aussagen überprüfen, man kann auch zu eigenen Aussagen gelangen. Zu den wichtigsten Proben gehören:

1. die Ersatzprobe
2. die Ablese- oder Listenprobe
3. die Einsetzprobe
4. die Flexionsprobe (Veränderungsprobe)
5. die Erweiterungsprobe
6. die Weglassprobe
7. die Verschiebeprobe (Umstellprobe)
8. die Umformungsprobe

Die Ersatzprobe

2 Bei der Ersatzprobe geht es um die kontrollierte Ersetzung eines Ausdruckes (eines Wortes oder auch einer Wortgruppe) innerhalb eines Satzes durch einen anderen Ausdruck. Der Rest des Satzes bleibt unverändert. Mit der Ersatzprobe kann man den fraglichen Ausdruck grammatisch näher bestimmen.

Bei der Suche nach einem grammatischen Merkmal (→ 20) spielt die *Bedeutung* des Ersatzausdrucks keine Rolle. Wichtig ist nur, dass er grammatisch die gleichen Merkmale aufweist wie die Ausgangsform.

Anwendung 1:

Eine besonders häufige Anwendung findet die Ersatzprobe bei der Kasusbestimmung. Siehe dazu die folgenden zwei Sätze. Hier soll der Kasus der Wortform *Peter* bestimmt werden. Der Kasus ist daran allerdings nicht unmittelbar ablesbar:

    Peter ist zornig.   Peter ist heiß.

Eine sinnvolle Ersatzprobe ist hier, *Peter* durch ein männliches Nomen im Singular mit Begleiter zu ersetzen, an dem man den Kasus erkennen kann (**= Maskulinprobe),** zum Beispiel *d… Baum:*

    Peter ist zornig.   Peter ist heiß.
    ↓   ↓
    Der Baum ist zornig.   *Dem* Baum ist heiß.

Die Artikelformen zeigen den Kasus an: *der* = Nominativ, *dem* = Dativ. Die Ersatzprobe setzt voraus, dass man diese Musterformen kennt; siehe dazu unten, Ablese- oder Listenprobe (→ 4). Da sonst nichts verändert worden ist, kann man annehmen, dass auch *Peter* im jeweiligen Kasus steht.

Gleiches leistet hier der Ersatz durch ein Interrogativpronomen. Man spricht dann auch von einer Frageprobe. (Die Frageprobe ist also eine Unterart der Ersatzprobe.)

> **Peter** ist zornig.   **Peter** ist heiß.
> ↓   ↓
> **Wer** ist zornig?   **Wem** ist heiß?

Auch hier wird vorausgesetzt, dass man die Musterformen kennt: *wer* = Nominativ, *wem* = Dativ (→ 4).

Bei vielen Ausdrücken kommt man mit beiden Varianten der Ersatzprobe zum gewünschten Ergebnis. Bei manchen funktioniert allerdings nur die erste Variante der Ersatzprobe:

> Julia schlief **die ganze Nacht.**
> (Unmöglich:) Wen oder was schlief Anna?
> (Möglich:) Anna schlief **den ganzen Tag.** → *den* = Akkusativ

Die Frageprobe wird im Unterricht gern verwendet. Sie ist aber nicht unproblematisch. So ist das Interrogativpronomen *was* für die Frage nach Sachen zwar naheliegend, aber für die Kasusbestimmung nicht zielführend: *was* kann Nominativ oder Akkusativ und nach Präpositionen sogar Dativ sein (→ 108). Man behilft sich daher mit künstlichen Doppelfragen: *wer oder was, wen oder was, (mit) wem oder was?* Was die Künstlichkeit betrifft: Auch wenn man die Konstruktionen, bei denen (wie beim letzten der vorangehenden Beispiele) die Frageprobe gar nicht geht, ausblendet, bleiben noch viele Anwendungen, bei denen das Sprachgefühl strapaziert wird, zum Beispiel:

> Die Kinder spielen auf *der* Straße.
> → Auf *wem oder was* spielen die Kinder? → Dativ.

Es ist daher sinnvoll, den Schülern rechtzeitig auch die Version der Ersatzprobe anzubieten, die mit dem maskulinen Artikel operiert (Maskulinprobe).

3 Anwendung 2:

Auf andere Art kann die Ersatzprobe bei der Wortartbestimmung zum Einsatz gelangen. Im folgenden Satz kommt dreimal das Pronomen *das* vor. Soll dieses Pronomen näher bestimmt werden, versucht man, alle Vorkommen von *das* durch ein jeweils anderes Pronomen zu ersetzen:

> **Das** ist **das** Angebot, **das** uns überzeugt hat.
> ↓   ↓   ↓
> **Dies** ist **das** Angebot, **welches** uns überzeugt hat.

Das erste *das* ist durch *dies* ersetzbar, das zweite widersetzt sich einem Ersatz, das dritte kann durch *welches* ersetzt werden. Ein Blick in die Pronomentabelle (→ 96) erlaubt nun die nähere Bestimmung der einzelnen Formen: In der Pronomentabelle sind *das* und *dies* unter der Bezeichnung *Demonstrativpronomen* aufgeführt, *das* und *welche*s unter der Bezeichnung *Relativpronomen*. Das zweite *das* kann durch kein anderes Pronomen ersetzt werden; die Pronomentabelle enthält auch für diesen Fall eine Bestimmung, nämlich: *bestimmter Artikel.*

Auch bei der hier gezeigten Anwendung der Ersatzprobe hat man sich zumindest beim letzten Schritt der *Ableseprobe* oder *Listenprobe* bedient (→ 4): Die Ersatzprobe setzt die Verfügbarkeit der Pronomentabelle voraus (→ 96).

Die Ablese- oder Listenprobe

4   Ein Ausdruck, der grammatisch bestimmt werden soll, wird in einer Liste aufgesucht oder mit den Angaben auf einer Liste verglichen. *Liste* muss dabei nicht heißen, dass etwas Gedrucktes vorliegen muss, man kann eine Liste auch im Kopf haben.

Anwendung 1:

Im folgenden Satz soll der Kasus der farbig hinterlegten Wortgruppe bestimmt werden.

Philipp musste **den ganzen Tag** das Bett hüten.

Tag ist ein **männliches** Wort im **Singular**, seinen Kasus kann man daher an den Flexionsformen seines Begleiters ablesen. (Bei weiblichen, sächlichen oder pluralischen Wörtern ist der Kasus nicht eindeutig erkennbar, da dort der Artikel nicht für jeden Kasus eine eigene Form hat.) Man stützt sich dabei auf die folgende, gut auswendig lernbare Liste, bei der vor allem die Spalten I und II (Interrogativpronomen und bestimmter Artikel) wichtig sind:

	I	II	III	IV
Nominativ	wer	der	ein□	dieser
Akkusativ	wen	den	einen	diesen
Dativ	wem	dem	einem	diesem
Genitiv	wessen	des	eines	dieses

Die Tabelle zeigt: *den* = Akkusativ. Die Wortgruppe steht also im Akkusativ. Die Ableseprobe ist eine wichtige Voraussetzung für die Ersatzprobe, → 2.

5   **Anwendung 2:**

Bei dem *kursiv* gesetzten Wort des folgenden Satzes soll die Wortart bestimmt werden.

    Sie wusste leider *nichts.*

Ein Blick in die Pronomenliste (→ 96) erweist das Wort als Indefinitpronomen.

Sobald die Wortart Pronomen im Unterricht eingehender behandelt wird, sollte die Pronomenliste zum Nachschlagen immer zur Verfügung stehen.

Die Einsetzprobe

6   Bei der Bestimmung der Wortart ist es oft sinnvoll, zu überprüfen, ob das fragliche Wort in bestimmten typischen Verwendungsweisen vorkommen kann. Diese Probe ist quasi die Umkehrung der Ersatzprobe: Der fragliche Ausdruck wird möglichst wenig verändert, stattdessen wird der Rest des Satzes ersetzt.

Anwendung:

Bei den *kursiv* gesetzten Wörtern der folgenden Sätze ist unklar, ob sie den Adjektiven oder den Adverbien zuzuordnen sind:

    Das Heft war *billig.*
    Das Heft war *gratis.*

Nun können Adjektive typischerweise zwischen Begleiter und Nomen stehen (→ 116), Adverbien nicht. Vor diesem Hintergrund kann man die zu untersuchenden Wörter in eine passende Fügung einsetzen und testen, ob die Stellung zwischen Begleiter und Nomen möglich ist oder nicht. Wie bei der Ersatzprobe ist auch hier nicht wichtig, dass sich daraus ein sinnvoller Ausdruck ergibt.

    billig   →   <u>der</u> billige <u>Baum</u> – in Ordnung, also Adjektiv
    gratis   →   <u>der</u> gratise <u>Baum</u> – unmöglich, also Adverb

Wie das Beispiel zeigt, muss man beim fraglichen Wort gelegentlich kleinere Änderungen in Kauf nehmen, hier etwa das Anfügen der Deklinationsendung *-e.* Dies ist übrigens zugleich ein weiterer Hinweis auf die Wortart, siehe dazu die folgende Probe.

Die Flexionsprobe (Veränderungsprobe)

7   Bei der Bestimmung der Wortartzugehörigkeit einer Wortform ist es oft notwendig, zu prüfen, auf welche Weise die Wortform verändert werden kann.

Anwendung 1:

Im folgenden Satz ist die Wortart von *angemessen* zu bestimmen: Liegt ein Verb oder ein Adjektiv vor?

> Dieser Betrag ist *angemessen*.

Hier kann man probeweise flektieren:

> Konjugieren:
> *anmessen* → *ich messe an, du misst an, er/sie misst an …,*
> *ich habe angemessen …*
>
> Komparieren:
> *angemessen* → *angemessener, am angemessensten*

Beim Konjugieren zeigt sich, dass das Wort einen völlig anderen Sinn erhält, es kann sich bei der vorliegenden Wortform nicht um eine Form des Verbs *anmessen* handeln. Zu einem befriedigenderen Ergebnis führt das Komparieren (Steigern); sinnvoll ist also die Einordnung als Adjektiv. Eine letzte Bestätigung für diese Zuordnung liefert schließlich die Einsetzprobe (→ 6).

8   ### Anwendung 2:

Um eine Variante der Flexionsprobe handelt es sich auch im folgenden Fall, in dem es um den Satzgliedwert zweier Nominalgruppen geht:

Welche der zwei Nominalgruppen im folgenden Satz ist das Subjekt?

> **Die Kranke** stört **das grelle Licht.**

Hier kann man ausnützen, dass die Veränderung eines einzelnen Wortes im Satz manchmal Auswirkungen auf andere Wörter hat. So stimmen das Subjekt und die finite Verbform (Personalform) im Numerus überein (= Kongruenz im Numerus). Man setzt daher zuerst das Nomen der einen, dann dasjenige der anderen Nominalgruppe probeweise in den Plural. (Bei einer Pluralform ginge man umgekehrt vor: Man würde das Nomen in den Singular setzen.) Diejenige Wortgruppe, bei der sich die finite Verbform mitverändert, ist das Subjekt.

> Ohne Einfluss aufs Verb: **Die Kranken** stört das grelle Licht.
> Verb ändert sich: Die Kranke **stören** **die grellen Lichter.**

Die finite Verbform verändert sich nur, wenn das Nomen der zweiten Nominalgruppe in den Plural gesetzt wird, diese ist also Subjekt. (Die erste Nominalgruppe ist Akkusativobjekt.)

Die hier gezeigte Variante der Flexionsprobe wird auch **Kongruenzprobe** genannt.

Die Erweiterungsprobe

9   Bei der Erweiterungsprobe geht es um die gezielte Anreicherung eines Satzes oder einer Wortgruppe mit Wörtern. Dabei wird der Umstand genutzt, dass die Art und Weise, wie ein Wort mit anderen Wörtern kombiniert werden kann, Rückschlüsse auf seine grammatischen Eigenschaften zulässt.

Anwendung:

Es soll bestimmt werden, ob ein Infinitiv nominalisiert ist oder nicht. Hier kann man prüfen, ob sich ein Artikel einsetzen lässt oder nicht. Ist das möglich, so ist der Infinitiv als nominalisiert zu bestimmen. Am Beispiel:

Adrian hasst *warten (Warten?)*.
Adrian muss *warten (Warten?)*.

Die Probe ergibt:

Möglich: Adrian hasst **das** Warten.
Unmöglich: Adrian muss **das** Warten.

Im ersten Satz liegt eine Nominalisierung vor (man schreibt also groß), im zweiten nicht (man schreibt klein).

Man bezeichnet diese Anwendung der Erweiterungsprobe auch als **Artikelprobe.**

Die Weglassprobe

10   Das Gegenstück zur Erweiterungsprobe ist die Weglassprobe. Bei ihr geht es um das gezielte Weglassen von Wörtern oder Wortgruppen. Hier nutzt man den Umstand, dass das grammatische Grundgerüst eines Satzes deutlicher sichtbar wird, wenn man ihn systematisch vereinfacht. Die Weglassprobe spielt vor allem in der Satzlehre eine Rolle.

Anwendung:

Beim ersten Satzglied des folgenden Satzes ist der Kern zu bestimmen (→ 168):

Schon einen Tag nach der Abreise seiner Freundin fühlte er sich einsam.

Hier kann man so verkürzen:

~~Schon einen Tag~~ nach der Abreise ~~seiner Freundin~~ fühlte er sich einsam.

Übrig bleibt: *nach der Abreise* – es handelt sich um eine Präpositionalgruppe. Der Kern ist entscheidend für den Satzgliedwert des ganzen Satzgliedes. Das bedeutet, dass auch das umfangreichere Satzglied als Präpositionalgruppe zu bestimmen ist.

Die Verschiebeprobe (Umstellprobe)

11 Bei der Verschiebe- oder Umstellprobe handelt es sich um die gezielte Veränderung der Abfolge von Wörtern und Wortgruppen im Satz. Dabei muss der Satz grammatisch korrekt bleiben, und sein Inhalt darf höchstens geringfügige Veränderungen erfahren, zum Beispiel solche der Gewichtung. Die Verschiebeprobe wird hauptsächlich in der Satzlehre zur Bestimmung der Satzglieder verwendet.

Anwendung:

Gegeben sei der Satz:

Die Sitzung mit dem Chef bereite ich morgen vor.

Zu diesem Satz gibt es eine Reihe von Varianten mit verschobenen Gliedern, wobei sich höchstens die Gewichtung ein bisschen ändert:

Morgen bereite ich die Sitzung mit dem Chef vor.
Ich bereite die Sitzung mit dem Chef morgen vor.
Ich bereite morgen die Sitzung mit dem Chef vor.

Die folgenden Versionen sind nicht zulässig, weil sie keine grammatisch korrekten Sätze sind:

Morgen ich die Sitzung mit dem Chef bereite vor.
Morgen ich bereite die Sitzung mit dem Chef vor.

Nicht zulässig ist auch:

Die Sitzung bereite ich morgen mit dem Chef vor.

Der Satz ist zwar grammatisch korrekt, aber sein Inhalt hat sich gegenüber dem Ausgangssatz fassbar verändert: Es handelt sich plötzlich nicht mehr um eine Sitzung mit dem Chef, die vorzubereiten ist, sondern der Chef scheint bei der Vorbereitung für die Sitzung (mit irgendjemandem) mitzuhelfen.

Es erweisen sich so als Satzglieder:

> die Sitzung mit dem Chef
> ich
> morgen

Verbale Teile sind (→ 160):

> bereite
> vor

Die Umformungsprobe

12 Bei der Umformungsprobe handelt es sich um die (oft recht umfassende) Umwandlung des Baus eines Satzes. Dabei muss der Inhalt des Ausgangssatzes auch in der neuen Formulierung erhalten bleiben.

Anwendung 1:

Angenommen, wir hätten einen Satz mit zwei Nominalgruppen im Nominativ und es wäre zu bestimmen, welche Subjekt ist. Bei solchen Fragen hilft es oft, den Satz in eine Infinitivgruppe (auch verbale Wortkette genannt) umzuformen; man spricht hier auch von einer **Infinitivprobe**. Die Nominalgruppe, die bei dieser Probe aus der Infinitivgruppe herausfällt, ist das Subjekt.

> Die Lärche ist ein Nadelbaum.
> → ein Nadelbaum sein / die Lärche

Subjekt ist also die Lärche.

13 **Anwendung 2:**

Die Umformungsprobe spielt auch bei der inhaltlichen Bestimmung von Nebensätzen eine Rolle.

Handelt es sich im folgenden wenn-Satz um einen Bedingungssatz?

> Es würde mich freuen, *wenn du mitkämest.*

Hier kann man den Nebensatz in ein Satzglied umformen:

> *Dein Mitkommen* würde mich freuen.

Anstelle des Nebensatzes (und des einleitenden *es*) erscheint hier eine Nominalgruppe, die man als Subjekt bestimmen kann. Der wenn-Satz ist hier also kein «klassischer» Bedingungssatz (→ 261, 278).

14 **Anwendung 3:**

Ist das Adjektiv in den folgenden zwei Sätzen prädikativ oder adverbial gebraucht?

> Man behandelte ihn *roh*.
> Er aß die Austern *roh*.

Man kann hier umformen:

> → Die Behandlung war roh.

Da die Nominalisierung *Behandlung* dem Verb *behandeln* entspricht, ist der Bezug von *roh* auf das Verb gesichert, es liegt also adverbialer Gebrauch vor.

> → Die Austern waren roh, als er sie aß.

Der hier deutliche Bezug von *roh* auf *Austern* lässt darauf schließen, dass im Ausgangssatz prädikativer Gebrauch vorliegt.

Bei solchen sinnorientierten Anwendungen der Umformprobe spricht man auch von einer **Paraphrasenprobe**.

Laute und Buchstaben

Laute und Buchstaben

15 Wenn wir gesprochene Sprache hören, dringt ein – nur gelegentlich unterbrochener – Strom von Lauten an unsere Ohren.

Beimschnellensprechenentstehteinzusammenhängenderredestrom.

Die Laute, hier aus technischen Gründen durch Buchstaben wiedergegeben (→ 16), sind die kleinsten Einheiten der gesprochenen Sprache. Erst wenn unser Partner bewusst ganz langsam spricht, wird deutlich, dass sich der Strom von Lauten in etwas komplexere Einheiten gliedert, nämlich in Silben:

Beim-lang-sa-men-spre-chen-er-ken-nen-wir-die-sil-ben.

Jede Silbe besteht aus einem oder mehreren Lauten. Dabei lassen sich zwei Arten von Lauten unterscheiden: **Vokale** (Selbstlaute) und **Konsonanten** (Mitlaute). Jede Silbe enthält einen volltönenden Laut, der die Silbe trägt – einen Vokal. Davor und dahinter können weitere Laute stehen, die aber keine so große Schallfülle haben. Solche Laute nennt man Konsonanten.

16 Unsere Schrift orientiert sich an den Lauten der gesprochenen Sprache. (Das ist nicht so selbstverständlich, wie man meinen könnte. Bei anderen Sprachen ist das anders, etwa im Chinesischen.) Wir können daher **Vokal-** und **Konsonantenbuchstaben** unterscheiden:

Vokalbuchstaben: a e i o u y
Konsonantenbuchstaben: b c d f g h j k l m n p q r s t v w x z

Allerdings entspricht nicht jedem Laut genau ein Buchstabe. Oft wird ein einfacher Laut durch eine Gruppe von Schriftzeichen ausgedrückt:

Flasche
Die Verbindung *s + c + h* steht für einen Laut.

sehr
Das *h* hinter dem *e* ist kein selbstständiger Laut, sondern zeigt nur an, dass das *e* lang zu sprechen ist.

lösen
Die beiden Punkte auf dem *o* zeigen an, dass dieser Buchstabe nicht wie sonst (zum Beispiel in *los*) zu sprechen ist.

Das Gegenteil kommt seltener vor: nämlich dass ein Buchstabe einer Gruppe von Lauten entspricht:

mixen
Das *x* ist eine Verbindung von *k* oder *g* mit *s*.

Wortlehre

Wortlehre

Die fünf Wortarten

Wort – Flexion – Wortarteinteilung

18 Hinter dem, was man im Alltag als «Wort» bezeichnet, stehen unterschiedliche Begriffe. Ein Test kann das zeigen: Wie viele schräg gedruckte «Wörter» enthalten die folgenden drei Sätze?

> An der Wand hängen zwei *Bilder*.
> Das linke *Bild* gefällt mir besser.
> Der Rahmen des rechten *Bildes* stört den Gesamteindruck.

Mehrere Antworten sind möglich, darunter: (1) dreimal dasselbe «Wort», (2) drei verschiedene Wörter. Der Grund, dass beide Antworten sinnvoll sind, liegt im unterschiedlichen Wortbegriff, der hinter (1) und (2) steht:

(1) Unter «Wörtern» versteht man einerseits Wörterbucheinheiten: In Wörterbüchern sind **Wörter** gesammelt. Man spricht hier auch von **lexikalischen Wörtern** oder **Lexemen**.

(2) Als «Wörter» bezeichnet man andererseits die Einheiten, aus denen Satzglieder, Sätze und Texte aufgebaut sind. Man spricht hier auch von **Wortformen** oder **syntaktischen Wörtern**. (Zum Fachausdruck **Flexionsform** → 20.)
In dieser Grammatik verwenden wir für (1) den Fachausdruck **Wort**, für (2) den Fachausdruck **Wortform**.

19 Ein Wort im Sinne eines Wörterbucheintrags steht also für eine Menge von Wortformen. Eine davon – eine möglichst «neutrale» – ist jeweils die **Grund-** oder **Nennform** des entsprechenden Wortes. Bei Nomen ist das die Form des Nominativs Singular, bei Verben der Infinitiv.

Der folgende Kasten zeigt die Wortformen des Wortes «Bild»; die Nennform ist **fett** gedruckt:

(das)	**Bild**	(die)	Bilder
(das)	Bild	(die)	Bilder
(dem)	Bild	(den)	Bildern
(des)	Bildes	(der)	Bilder

In Sätzen stehen also nach unserer Terminologie nicht Wörter, sondern Wortformen: Wenn man einen Satz bildet, wählt man von den Wortformen eines Wortes die passende aus:

(das)	Bild	(die)	Bilder
(das)	Bild	(die)	Bilder
(dem)	Bild	(den)	Bildern
(des)	**Bildes**	(der)	Bilder

Der Rahmen des rechten Bildes stört den Gesamteindruck.

20 Die Bildung der einzelnen Wortformen eines Wortes nennt man **Flexion**; die Wortformen eines Wortes kann man deshalb auch als dessen **Flexionsformen** bezeichnen. Flexionsformen unterscheiden sich voneinander in bestimmten **grammatischen Merkmalen** oder Flexionsmerkmalen, die man zu Merkmalklassen zusammenfassen kann. Im Deutschen gibt es die folgenden grammatischen Merkmale bzw. Merkmalklassen:

Merkmalklasse	Merkmale
Numerus (grammatische Zahl)	Singular, Plural
Genus (grammatisches Geschlecht)	Maskulinum, Femininum, Neutrum (männlich, weiblich, sächlich)
Person	1. Person, 2. Person, 3. Person
Kasus (Fall)	Nominativ, Akkusativ, Dativ, Genitiv
Tempus (Zeit)	Präsens, Perfekt, Präteritum, Plusquamperfekt, Futur I, Futur II
Modus (Aussageweise)	Indikativ, Imperativ, Konjunktiv I, Konjunktiv II
Diathese (Handlungsrichtung oder Genus Verbi)	Aktiv, Passiv
Komparation (Steigerung)	Positiv, Komparativ, Superlativ

21 Die Wörter unserer Sprache können nicht alle in gleicher Weise nach grammatischen Merkmalen flektiert oder verändert werden. Diesen Umstand kann man für die Zuordnung der Wörter zu Wortarten nutzen. In einem ersten Schritt kann man unterscheiden zwischen Wörtern, die im **Tempus** (in der grammatischen Zeit), im **Kasus** (Fall) oder gar nicht verändert werden können. Bei den nach dem Kasus veränderbaren Wörtern nimmt man in einem zweiten Schritt noch die Gesichtspunkte der Veränderbarkeit nach dem **Genus** (dem grammatischen Geschlecht) sowie nach bestimmten **typischen Verwendungsweisen** zu Hilfe. Insgesamt kommt man so auf **fünf Wortarten**. Da diese Wortarten auf dem Konzept des lexikalischen Wortes beruhen (→ 18), spricht man auch von lexikalischen Wortarten oder Lexemklassen.

Bei den Pronomen und bei den Partikeln kann man in einem weiteren Schritt noch Unterarten bestimmen, bei denen der Gebrauch im Satz die entscheidende Rolle spielt.

Siehe dazu die Tabelle → 22 auf der folgenden Doppelseite.

	veränderbar	
nach dem Tempus veränderbar		
Verb		**Nomen**

Verb

Wörter, die nach dem **Tempus** veränderbar (konjugierbar) sind, nennt man Verben.

ich spreche
ich sprach
ich werde sprechen
ich habe gesprochen
ich hatte gesprochen
ich werde gesprochen haben

Verbformen, die nach **Person** und **Numerus** bestimmt sind, bezeichnet man als **finite Verbformen** oder Personalformen:

ich spreche
du sprichst
er/sie spricht
wir sprechen
ihr sprecht
sie sprechen

Infinite Verbformen sind nicht nach der Person veränderbar.

Infinitiv: *sprechen*
Partizip I: *sprechend*
Partizip II: *gesprochen*

Zur Aussageweise → 55.
Zu Aktiv und Passiv → 64.

Nomen

Wörter, die nach dem **Kasus** (Fall) veränderbar (deklinierbar) sind und ein **festes Genus** (grammatisches Geschlecht) haben, nennt man Nomen.

Es gibt drei grammatische Geschlechter (Genera):

männlich: *der Rand*
weiblich: *die Wand*
sächlich: *das Land*

Nomen sind nach dem **Numerus** (der grammatischen Zahl) bestimmt, das heißt, sie stehen im **Singular** oder **Plural:**

Singular: *der Rand*
Plural: *die Ränder*

Nomen stehen immer in einem der vier **Kasus** (Fälle):

Nominativ: *der Rand*
Akkusativ: *den Rand*
Dativ: *dem Rand(e)*
Genitiv: *des Rand(e)s*

Wörter

nach dem Kasus veränderbar

Pronomen

Wörter, die nach dem **Kasus** (Fall) veränderbar (deklinierbar) sind und als **Begleiter** oder **Stellvertreter** eines Nomens gebraucht werden, nennt man Pronomen.

Pronomen stehen immer in einem der vier **Kasus** (Fälle):

Nominativ: wer   ich
Akkusativ: wen   mich
Dativ: wem   mir
Genitiv: wessen   meiner

Pronomen werden als **Begleiter** oder als **Stellvertreter** des Nomens gebraucht:

Begleiter: *Anna nimmt **das** Buch, **jenes** Buch, **dasselbe** Buch. **Welches** Buch nimmt Jonas?*

Stellvertreter: ***Sie** nimmt **es**, **jenes**, **dasselbe**. **Was** nimmt er?*

Es gibt nur eine begrenzte Anzahl Pronomen. Sie können nach ihrer besonderen Aufgabe im Satz in zehn **Unterarten** eingeteilt werden; → 95/96.

Adjektiv

Wörter, die nach dem **Kasus** (Fall) veränderbar (deklinierbar) sind und **zwischen Begleiter und Nomen** stehen können, nennt man Adjektive.

der breite Rand
die weiße Wand
das kleine Land

ein breiter Rand
eine weiße Wand
ein kleines Land

Wenn Adjektive vor einem Nomen stehen, stehen sie gewöhnlich in einem der vier **Kasus** (Fälle):

Nominativ: *heißer Kaffee*
Akkusativ: *heißen Kaffee*
Dativ: *heißem Kaffee*
Genitiv: *heißen Kaffees*

Viele Adjektive können **Komparationsformen** (Vergleichsformen) bilden, das heißt, sie können kompariert (gesteigert) werden:

der breite Rand
der breitere Rand
der breiteste Rand

Dieser Rand ist breit.
Dieser Rand ist breiter.
Dieser Rand ist am breitesten.

nicht veränderbar

Partikel

Wörter, die weder nach dem Tempus noch nach dem Kasus (Fall) verändert werden können, nennt man Partikeln.

Man kann die Partikeln nach ihrer Aufgabe im Satz in Unterarten einteilen.

Präpositionen bestimmen den Kasus der Wörter, bei denen sie stehen:

***ohne** einen Vorteil* (Akkusativ)
***mit** einem Vorteil* (Dativ)
***wegen** eines Vorteils* (Genitiv)

Beiordnende Konjunktionen verbinden Gleichrangiges:

und, sowie, oder, aber, sondern

Unterordnende Konjunktionen leiten Nebensätze ein:

dass, ob, wenn, weil, solange

Interjektionen stehen in Ausrufen außerhalb des ausgebauten Satzes:

ja, nein, danke, pfui, miau

Alle übrigen Partikeln ordnet man der Restgruppe der **Adverbien** zu:

oben, heute, fast, deshalb, sehr

23 Für die **Flexion** der einzelnen Wortarten haben sich besondere Fachausdrücke eingebürgert:

1. Die Flexion des Verbs nennt man **Konjugation;** Verben werden konjugiert. Besonders typisch für Verben ist die Konjugation nach dem **Tempus** (der grammatischen Zeit).
2. Die Flexion von Nomen, Pronomen und Adjektiv nennt man **Deklination.** Besonders typisch für diese Wortarten ist die Deklination nach dem **Kasus** (Fall).
3. Für die Bildung der Vergleichsformen bei den Adjektiven verwendet man einen besonderen Ausdruck: man spricht hier von **Komparation** oder Steigerung.

24 Die Flexion bedient sich unterschiedlicher Mittel:

Suffixe (Endungen) treten an das Ende eines Wortes, **Präfixe** an den Anfang:

drehen	→ (ich) drehe, (du) drehst, (er) dreht
Herz	→ (des) Herzens, (dem) Herzen
breit	→ breiter, (am) breitesten
suchen	→ (sie haben) gesucht

Als weiteres Mittel kennt das Deutsche die **innere Abwandlung** (innere Flexion), das heißt Änderungen im Wortinnern. Hier kann man verschiedene Formen unterscheiden: Als **Umlaut** bezeichnet man den Wechsel von *a, o, u, au* zu den Umlautvokalen *ä, ö, ü, äu* (→ 17), als **Ablaut** den Wechsel zwischen Grundvokalen *a, e, i, o, u, ei, au* (→ 17).

(der) Garten	→ (die) Gärten
(der) Vogel	→ (die) Vögel
brechen	→ (ich) brach
laufen	→ (ich) lief

Es gibt auch Kombinationen von Suffixen und Präfixen mit innerer Abwandlung:

(der) Turm	→ (die) Türme
(das) Horn	→ (die) Hörner
stark	→ stärker
brechen	→ (es ist) gebrochen
brennen	→ (es) brannte

Manchmal werden Unterschiede in den grammatischen Merkmalen an den Flexionsformen eines Wortes nicht direkt sichtbar, zum Beispiel bei Nomen:

(der) Balken (Singular)	→ (die) Balken (Plural)
(die) Wut (Nominativ)	→ (der) Wut (Genitiv)

Die grammatischen Merkmale von Nomen können aber oft – wie in den obenstehenden Beispielen – indirekt am Artikel (oder an einem anderen Begleiter) erkannt werden. Sonst können Proben helfen. Bei der Bestimmung des Genus ist die Artikelprobe (→ 9, 81), bei der Bestimmung des Kasus sind die Ersatzproben (→ 2, 86) hilfreich. Zur Bestimmung des Numerus (Singular, Plural) kann die Kongruenzprobe dienen (→ 8, 197):

Das ist ein Buch für jedermann.
- → *Jedermann* liest dieses Buch. (Singular: in Ordnung)
- → *Jedermann* ~~lesen~~ dieses Buch. (Plural: unmöglich!)

Suffixe, Präfixe und innere Abwandlung (Umlaut, Ablaut) finden sich außer in der Flexion auch in der Wortbildung; → 153.

25 Zur Geschichte der Wortarteinteilung

Die von uns vorgeführte Wortarteinteilung, die auf dem Konzept des lexikalischen Wortes beruht (→ 18) und die Veränderbarkeit als Hauptkriterium wählt (→ 21), ist nicht die einzig mögliche. Sie kann aber gute Gründe für sich geltend machen, und sie wird weiterum angewendet.

Es gibt keine von irgendeiner «Natur der Sache» her notwendige, zwingende oder gar einzig richtige Unterscheidung von Wortarten. Vielmehr gibt es unterschiedliche Einteilungsmöglichkeiten, je nachdem, mit welchen Fragen man an den Wortschatz einer Sprache herantritt. Entsprechend gibt es konkurrierende Lehren.

Neben der hier vorgeführten mit 5 Wortarten ist diejenige mit 10 Wortarten am verbreitetsten. Die 10er-Einteilung setzt die folgenden Wortarten an:

1. Substantiv (Hauptwort, Dingwort, Namenwort, Nomen)
2. Adjektiv (Eigenschaftswort, Artwort, Wiewort)
3. Pronomen (Fürwort)
4. Artikel (Geschlechtswort)
5. Numerale (Zahlwort)
6. Verb (Zeitwort, Tätigkeitswort, Tunwort)
7. Adverb (Umstandswort)
8. Präposition (Vorwort, Verhältniswort)
9. Konjunktion (Bindewort)
10. Interjektion (Ausrufewort)

26 Die 10er-Einteilung ist nicht etwa aus *einer* theoretischen Überlegung heraus begründet und entwickelt worden; sie ist vielmehr Ergebnis eines langen geschichtlichen Prozesses. Seine wichtigsten Stationen:

Aristoteles (384–322 v. Chr.) unterscheidet für die griechische Sprache *onoma* (ungefähr = Substantiv und Adjektiv), *rhema* (= Verb) und *syndesmos* (= Artikel, Präposition, Konjunktion).

Dionysios Thrax (etwa 170–90 v. Chr.) und **Apollonios Dyskolos** (2. Jahrhundert n. Chr.) unterscheiden (ebenfalls fürs Griechische): *onoma* (= Substantiv und Adjektiv), *rhema* (= Verb), *metoche* (= Partizip), *arthron* (= Artikel und Relativpronomen), *antonymia* (= Personal- und Possessivpronomen), *prothesis* (= Präposition), *epirrhema* (= Adverb), *syndesmos* (= Konjunktion).

Die **römische Antike** übernimmt die Wortartenlehre der Griechen. Dabei fällt das *arthron* weg – im Latein gibt es keinen Artikel, und das Relativpronomen ist anders herzuleiten. Dafür kommt die Interjektion hinzu. Die Termini sind Übersetzungen aus dem Griechischen.

Im **Mittelalter** werden Substantiv und Adjektiv als je eigene Wortarten angesehen.

Die ersten **deutschen** Grammatiken entstehen im **16. Jahrhundert.** Sie lehnen sich eng an die Tradition der lateinischen Schulgrammatik an und übernehmen deren Wortartenlehre. Dabei wird der Artikel wieder zu einer eigenen Wortart aufgewertet, das Numerale wird aus dem Adjektiv bzw. dem Pronomen herausgegrenzt, und das Partizip wird dem Verb untergeordnet.

Seit **J. L. Adelung** (1781) ist das Zehnersystem stabil.

27 Was so entstanden ist, kann nicht systematisch sein. Gegen diese Wortarteneinteilung ist denn auch geltend gemacht worden, dass sie von unterschiedlichen Einteilungsgesichtspunkten ausgeht und dass sich dabei – was schlimmer ist – diese Einteilungsgesichtspunkte stören, ja ausschließen.

Nach **formalen** Gesichtspunkten wird das Verb bestimmt – das Verb ist die Wortart, die durch die Eigenschaft «konjugierbar» definiert ist: alles, was konjugiert werden kann, ist ein Verb.

Nach **inhaltlichen** Gesichtspunkten wird die Wortart Numerale (Zahlwort) bestimmt: Numerale ist alles, was mit Zählen zusammenhängt. Diese Wortart überschneidet sich allerdings mit anders definierten Wortarten: Ist *Million* ein Numerale oder ein Substantiv? Ist *dreimal* ein Numerale oder ein Adverb?

Nach **syntaktischen** Kriterien werden bestimmte Wörter verschiedenen Wortarten zugeteilt. So etwa, wenn *tief* im ersten der folgenden Beispielsätze als Adjektiv, im zweiten als Adverb bezeichnet wird: *Ihr Schlaf war tief. Sie schlief tief.* Aus lexikalischer Sicht handelt es sich immer um dasselbe Wort; die Wörterbücher haben denn auch nur einen einzigen Eintrag für *tief*. Verschieden ist nur die Aufgabe im Satz (→ 118, 127).

28 Demgegenüber beruht die Fünfereinteilung auf einem einheitlichen Wortkonzept, demjenigen des lexikalischen Wortes (→ 18), und folgt hier konsequent *einem* **Hauptgesichtspunkt,** dem Gesichtspunkt der **formalen Veränderbarkeit.** Bei der Unterscheidung von Pronomen und Adjektiven reicht dieses Kriterium allerdings nicht, da die Komparierbarkeit zu wenig trennscharf ist (es gibt auch nicht-komparierbare Adjektive; → 132). Man zieht hier daher das Kriterium der *möglichen* Verwendung in bestimmten Musterkontexten als nachgeordneten Gesichtspunkt hinzu: Als Adjektiv gelten alle Wörter, die zwischen Artikel und Nomen stehen können (→ 113, 116, 120).

Vom zuletzt genannten Kriterium, der *möglichen* Verwendung eines lexikalischen Wortes in einem bestimmten Musterkontext, ist das Kriterium der *tatsächlichen* Verwendung im Satz zu unterscheiden. Dieses zweite, rein **syntaktische** Kriterium spielt bei der Unterteilung der Pronomen (→ 21/22, 95) und Partikeln (→ 21/22, 134) eine Rolle. Es wird außerdem bei den Adjektiven herangezogen, um zwischen attributivem, nominalem, prädikativem und adverbialem Gebrauch zu unterscheiden (→ 118). Dieses Kriterium beruht letztlich auf dem Konzept des syntaktischen Wortes (→ 18).

Inhaltliche Gesichtspunkte werden in der Fünfereinteilung **nicht** verwendet. Das ist kein Verlust, es bedeutet vielmehr größere Freiheit bei der genaueren Beschreibung unseres Wortschatzes. So kann man zum Beispiel inhaltliche Gesichtspunkte wie Ortsangabe oder Angabe einer genauen Zahl grammatischen Gesichtspunkten gegenüberstellen; man spricht in solchen Fällen von einer Kreuzklassifikation. Ein Beispiel für dieses Vorgehen:

		Inhalt	
		bestimmte Menge	Ort, Lage
Grammatik	Verb	verdreifachen, halbieren	liegen, sitzen, stehen
	Nomen	Million, Dutzend	Spitze, Mitte
	Pronomen	zwei, zehn	dieser, jener
	Adjektiv	erster, millionster	gerade, schräg
	Partikel	einmal, drittens	oben, unten

Aus dieser Beispieltabelle kann man herauslesen: *liegen* ist aus der einen Sicht, der grammatischen, ein Verb, aus der anderen, der inhaltlichen, bezeichnet es eine Lage. Ebenso ist *Million* aus grammatischer Sicht ein Nomen, aus inhaltlicher Sicht ein Zahlbegriff. Wenn man beide Sichtweisen berücksichtigt (Kreuzklassifikation), kann man von einem Zahlnomen sprechen. Entsprechend ist *erster* ein Zahladjektiv, *einmal* eine Zahlpartikel usw.

29 Ein Wort schließlich zur **Terminologie**. Seit einiger Zeit setzt sich die Tendenz durch, dass formal Bestimmtes mit lateinischstämmigen Ausdrücken benannt wird, inhaltlich Bestimmtes mit deutschstämmigen Ausdrücken. Entsprechend gelten für die fünf Wortarten grundsätzlich lateinische Bezeichnungen. Wenn Formales und Inhaltliches mit denselben Termini bedacht werden, kann dies zu Verwirrungen führen.

Nehmen wir als Beispiel die drei folgenden Sätze:

1. Peter wird jetzt zu Hause sein.
2. Morgen komme ich etwas später.
3. Wir schreiben das Jahr 1939: der Zweite Weltkrieg bricht aus.

Aussagen wie «Die Zukunft drückt hier die Gegenwart aus» (Satz 1), «Die Gegenwart drückt hier die Zukunft aus» (Satz 2) oder «Die Gegenwart steht hier für die Vergangenheit» (Satz 3) verschaffen dem Schüler kaum Klarheit! (Zum Tempus des Verbs siehe → 47–54.)

Missverständlich ist auch der Ausdruck «Zeitwort». Er wurde zwar am formalen Kriterium gewonnen, dass Verben nach dem Tempus veränderbar sind (→ 22, 32). Dies kommt aber bei der Bezeichnung zu wenig zum Ausdruck: Könnten Wörter wie *Abend, heute, wöchentlich* nicht auch als «Zeitwörter» bezeichnet werden? Auch der Terminus «Tunwort» oder «Tuwort» befriedigt nicht. Man denke an Sätze wie die folgenden:

Dieses Buch hat 300 Seiten.
Öl ist leichter als Wasser.

Nicht nur Verben drücken Zeitliches aus, und nicht alle Verben sind Tunwörter.

30 Die Unterscheidung zwischen lateinischen und deutschen Fachausdrücken ist vor allem in Bereichen wichtig, wo die Nichtunterscheidung von Formalem und Inhaltlichem zu Fehlbeurteilungen der Sprache allgemein oder auch konkret von Texten führen kann. Diese Gefahr droht außer beim Tempus zum Beispiel auch noch bei den Aussageweisen: So drückt zum Beispiel der Indikativ nicht einfach «die Wirklichkeit» aus. Der Oberbegriff «Aussageweise» selbst verleitet demgegenüber weitaus weniger zu Fehleinschätzungen, er kann darum bedenkenlos neben dem lateinischen Fachausdruck «Modus» verwendet werden. Wir werden daher in diesem Buch für «gefährliche» grammatische Begriffe einheitlich die Ausdrücke lateinischer Herkunft verwenden, für die «ungefährlichen» neben den lateinischen – sofern allgemein gebräuchlich – hingegen auch die deutschen heranziehen.

31 Manchmal stehen zwei lateinische Ausdrücke in Konkurrenz zueinander. Das ist zum Beispiel bei *Nomen* und *Substantiv* der Fall.

Wir favorisieren den Fachausdruck **Nomen** gegenüber Substantiv aus den folgenden Gründen:

1. Die Verwendung des Terminus Substantiv führt immer wieder zu einer ärgerlichen Verwechslung mit dem Satzgliedbegriff Subjekt.
2. Die Verwendung des Terminus Nomen knüpft an die Primarschulbezeichnung Namenwort an und schafft den leichten Zugang zum französischen *nom* und dem englischen *noun*.
3. *Nomen* hat die unter dem Gesichtspunkt der Gedächtnisstützung günstige Nähe zu *Pronomen*. Ein Pronomen ist ein Wort, das vor einem oder für ein Nomen stehen kann (Begleiter oder Stellvertreter).

Zu **Präteritum** und Imperfekt → 47.

Zu **Pronomen** und Artikelwort (Begleiter und Stellvertreter) → 92.

Zu **Partikel** und Nichtflektierbaren → 134.

Das Verb

Überblick

32 Verben sind Wörter, die unter anderem nach dem Tempus (der grammatischen Zeit) verändert werden können. Insgesamt bestehen beim Verb die folgenden Möglichkeiten der Veränderung (Flexion):

1. die Veränderung nach **Person** und **Numerus** (→ 40):
   ich nehme → du nimmst, er/sie nimmt, wir nehmen …
2. die Veränderung nach dem **Tempus** (der grammatischen Zeit; → 47):
   er/sie nimmt → er/sie nahm, er/sie hat genommen …
3. die Veränderung nach dem **Modus** (der Aussageweise; → 55):
   du nimmst → du nehmest, du nähmest, nimm!
4. die Veränderung nach der **Diathese** (Aktiv und Passiv; → 64):
   jemand nahm es → es wurde von jemandem genommen

Die Veränderung (Flexion) des Verbs wird als **Konjugation** bezeichnet; Verben werden **konjugiert**.

Die Gebrauchsweisen des Verbs

33 Verben können sich auf unterschiedliche Weise mit andern Satzteilen verbinden. Man kann hier unter anderem die folgenden Gebrauchsweisen unterscheiden:

1. Hilfsverben
2. Modalverben und modifizierende Verben
3. transitive und intransitive Verben
4. reflexive Verben

Hilfsverben

34 Die Verben *haben, sein* und *werden* gelten als Hilfsverben, wenn sie zur Bildung der zusammengesetzten Tempusformen oder des Passivs dienen.

Ich *gieße* die Pflanzen (Präsens) →	Ich *habe* die Pflanzen *gegossen* (Perfekt).
Wir *fahren* ins Tessin (Präsens) →	Wir *sind* ins Tessin *gefahren* (Perfekt).
Ich *warte* auf dich (Präsens) →	Ich *werde* auf dich *warten* (Futur).
Das Gewitter *überraschte* die Wanderer (Aktiv). →	Die Wanderer *wurden* vom Gewitter *überrascht* (Passiv).

Modalverben und modifizierende Verben

35 Die Verben *wollen, können, müssen, dürfen, sollen, mögen* gelten als **Modalverben**, wenn von ihnen ein **Infinitiv** abhängt:

> Ich *will* diese Angelegenheit nicht länger *verschieben*.
> – *will:* Modalverb
> – *verschieben:* vom Modalverb abhängiger Infinitiv
>
> Wir haben den Streit gütlich *beilegen können*.
> – *haben … können:* Modalverb (mit Hilfsverb *haben*)
> – *beilegen:* vom Modalverb abhängiger Infinitiv
>
> Der Dieb *muss* vom Nachtwächter *überrascht worden sein*.
> – *muss:* Modalverb
> – *überrascht worden sein:* vom Modalverb abhängiger mehrteiliger Infinitiv (mit Hilfsverben; → 75)

Zum Partizip II der Modalverben siehe → 45.

36 Eine Reihe weiterer Verben kommt in ihrem Gebrauch den Modalverben nahe. Im Unterschied zu den Modalverben hat der von ihnen abhängige Infinitiv die **Partikel** *zu* (→ 42) bei sich. Man spricht hier von **modifizierenden** Verben:

> Ich *versuche* die Angelegenheit sofort *zu erledigen*.
> – *versuche:* modifizierendes Verb
> – *zu erledigen:* vom modifizierenden Verb abhängiger Infinitiv mit der Partikel *zu*
>
> Der Dieb *scheint* vom Nachtwächter *überrascht worden zu sein*.
> – *scheint:* modifizierendes Verb
> – *überrascht worden zu sein:* vom modifizierenden Verb abhängiger mehrteiliger Infinitiv mit *zu* (Infinitiv Perfekt Passiv; → 75)

Transitive und intransitive Verben

37 Wenn ein Verb ein **Akkusativobjekt** bei sich hat, nennt man das Verb transitiv. Akkusativobjekte lassen sich mit «Wen (oder was)?» erfragen (→ 2, 202).

> Sie traf *ihren Freund*.
> *Wen* traf sie? → *Ihren Freund*.
>
> Edison erfand *die Glühbirne*.
> *Wen (oder was)* erfand Edison? → *Die Glühbirne*.

Verben ohne Akkusativobjekt bezeichnet man als **intransitiv**.

Reflexive Verben

38 Wenn ein Verb ein **Reflexivpronomen** (→ 99) bei sich hat, nennt man es ein reflexives Verb:

> Der eitle junge Mann *betrachtete sich* eingehend im Spiegel. Sie *entschied sich* für das andere Stück. Ich *schaffte mir* ein neues Buch an.

Verben mit mehr als einer Gebrauchsweise

39 Viele Verben kommen in mehr als einer Gebrauchsweise vor:

Eulen *sehen* sehr scharf (intransitiver Gebrauch). Die Eule *sah* eine Maus (transitiver Gebrauch). Die Maus *sah* sich in Gefahr (reflexiver Gebrauch).

Ich *möchte* etwas trinken (modaler Gebrauch). Ich *möchte* ein Glas Wasser (transitiver Gebrauch).

Finite und infinite Verbformen

Finite Verbformen (Personalformen)

40 Als **finite Verbformen** oder **Personalformen** bezeichnet man Verbformen, die nach **Person** und **Numerus** bestimmt sind:

	Singular	Plural
1. Person	ich komme	wir kommen
2. Person	du kommst	ihr kommt
3. Person	der Mann (= er) kommt die Frau (= sie) kommt das Kind (= es) kommt	die Leute (= sie) kommen

Infinite Verbformen

41 Neben den finiten Verbformen (Personalformen) stehen drei infinite Formen, die nicht nach Person und Numerus bestimmt sind:

1. der Infinitiv
2. das Partizip I
3. das Partizip II

Der Infinitiv

42 Der **Infinitiv** ist die **Grundform** oder Nennform des Verbs. In Wörterbüchern werden Verben im Infinitiv aufgeführt. Er trägt die Endung *-en* oder *-n*:

reden, suchen, sammeln, verbessern, sein

Oft wird der Infinitiv mit der **Partikel** *zu* kombiniert; bei Verben mit Verbzusatz (→ 46) steht die Partikel zwischen dem Verbzusatz und dem Infinitiv.

Er versucht den Motor *zu* reparieren. Die Rolläden sind abends *hochzuziehen*.
Er prahlte mit seinen Leistungen, um seine Unsicherheit zu überdecken.
Die Kommissarin versucht, den Fall möglichst schnell *aufzudecken*.

Zu den satzwertigen Infinitivgruppen → 248.

Das Partizip I

43 Von Verben kann eine Wortform mit der Endung *-end* bzw. *-nd* abgeleitet werden, die man **Partizip I** nennt. Sie wird wie ein Adjektiv gebraucht (→ 117):

> Die *johlenden* Zuschauer (= die Zuschauer, die johlen) spornten die Mannschaft an. Die Zuschauer spornten die Mannschaft *johlend* an. Die stetig *wachsende* Verschmutzung beunruhigt uns. Der Hund suchte *schnuppernd* die Spur.

Mit der **Partikel** *zu*:

> Das ist eine leicht *zu lösende* Aufgabe (= eine Aufgabe, die leicht *zu lösen* ist, leicht gelöst werden kann). Ich notierte mir die *zu ersetzenden* Teile (= die Teile, die *zu ersetzen* sind, die *ersetzt werden müssen*).

Zu den satzwertigen Partizipgruppen → 249.

Das Partizip II

44 Neben dem Partizip I kann man von allen Verben eine Wortform bilden, die auf *-t* oder *-en* (→ 69–73) endet und häufig das Präfix *ge-* aufweist. Wortformen dieser Art nennt man **Partizip II**. Auch sie können meist wie Adjektive gebraucht werden (→ 117):

> der *gesuchte* Verbrecher, die *missachtete* Warnung, das *gebratene* Hähnchen, das *gesunkene* Schiff
>
> Von der Polizei *gesucht*, versteckte er sich in einer Waldhütte. Hähnchen mag ich am liebsten *gebraten*.

Daneben dient das Partizip II zusammen mit den Hilfsverben *haben, sein, werden* zur Bildung zusammengesetzter Verbformen:

> Der Verbrecher wird von der Polizei *gesucht*. Viele haben die Warnung *missachtet*. Wir haben ein Hähnchen *gebraten*. Das Schiff ist während des Sturmes *gesunken*.

Partizipien II von intransitiven und reflexiven Verben (→ 37, 38), die das Perfekt mit *haben* bilden, können nicht adjektivisch gebraucht werden:

> Falsch: der stark *zugenommene* Transitverkehr (der Transitverkehr, der stark zugenommen hat), die sich *beruhigten* Gemüter (die Gemüter, die sich beruhigt haben)

Zu den satzwertigen Partizipgruppen → 249.

45 Wenn *wollen, können, müssen, dürfen, sollen* und *mögen* als Modalverben gebraucht werden (→ 35), hat ihr Partizip II die gleiche Form wie der Infinitiv (darum auch **Ersatzinfinitiv** genannt); andernfalls geht es auf *-t* aus (→ 69):

> Ich *habe* ein Brathähnchen essen *wollen*.
> Wir *haben* Ihre Offerte leider nicht berücksichtigen *können*.
>
> Aber: Ich *habe* ein Brathähnchen *gewollt*. Sie *hat* ihn immer *gemocht*.

Der Verbzusatz

46 Man unterscheidet bei den Verben zwischen einfachen Verben, Verben mit Präfix und zusammengesetzten Verben (→ 149). Ein Teil der zusammengesetzten Verben ist **unfest** oder **trennbar:** Wenn die finite Verbform (Personalform) eines solchen Verbs an erster oder zweiter Stelle im Satz steht (→ 215–223), wird der vordere Teil der Zusammensetzung abgetrennt und an den Schluss des Satzes gestellt. Solche von Verben abtrennbare Teile nennt man **Verbzusatz**. Verbzusätze können von Partikeln, Adjektiven und Nomen abstammen.

Einfache Verben:

fragen	→	Die Touristen *fragten* nach dem Weg zur alten Brücke.
lassen	→	Man *ließ* mich in Ruhe.

Verben mit Präfix (→ 153):

befragen	→	Der Reporter *befragte* die Politikerin.
verlassen	→	Wir *verlassen* das Schiff.

Feste Zusammensetzungen (keine Verbzusätze):

vollbringen	→	Das Mittel *vollbrachte* wahre Wunder.
unterlassen	→	Sie *unterließ* alle anstrengenden Bewegungen.

Unfeste Zusammensetzungen (Verbindungen mit Verbzusätzen):

ausfragen	→	Der Reporter *fragte* den Sportler *aus.*
loslassen	→	Lass mich *los!*
zulassen	→	Lass das nicht *zu!*
wundernehmen	→	Solche Gerüchte *nehmen* uns nicht *wunder.*

Gelegentlich bestehen feste und unfeste Zusammensetzungen mit unterschiedlicher Bedeutung nebeneinander. Die unfesten Zusammensetzungen werden dann im Infinitiv gewöhnlich auf dem ersten Bestandteil betont, die festen Zusammensetzungen auf dem zweiten:

übergehen	→	Die Mannschaft *ging* zum Angriff *über.*
übergehen	→	Er *überging* meine Einwände einfach.

Das Tempus (die grammatische Zeit)

47 Im Deutschen unterscheidet man beim Verb sechs **Tempora** (Singular: das **Tempus**) oder **grammatische Zeiten:**

das Präsens	das Perfekt
das Präteritum	das Plusquamperfekt
das Futur I	das Futur II

Wir möchten hier mit besonderem Nachdruck empfehlen, an den lateinischen Ausdrücken festzuhalten, denn mit ihnen fassen wir grammatische **Formen, nicht Inhalte:** «Präsens» ist – wie sich aus der Grafik im folgenden Abschnitt deutlich ergibt – eben nicht einfach «Gegenwart», es kann noch vieles anderes sein. Und diesem Nebeneinander von Formalem und Inhaltlichem (ohne exakte 1:1-Beziehungen) kommt man besser bei, wenn man für die unterschiedlichen Bereiche unterschiedliche Bezeichnungen bereithält (→ 29).

Die **einfache Vergangenheitsform** bezeichnet man heute als **Präteritum,** nicht mehr als Imperfekt. Damit vermeidet man falsche Gleichsetzungen mit dem französischen *imparfait* und dem lateinischen *imperfectum*. Diese Tempusformen unterscheiden sich im Gebrauch erheblich vom deutschen Präteritum.

48 Im Unterschied zur Kalenderzeit, die sich nach einem **absoluten** Nullpunkt richtet, beziehen sich die grammatischen Zeiten immer auf den Nullpunkt, der durch den Akt des Sprechens (oder Schreibens) definiert wird. Es handelt sich also um **relative** Zeitangaben. Das Hier und Jetzt des Sprechens ergibt den Perspektivpunkt, von dem aus man eine Handlung als gegenwärtig, zukünftig oder vergangen darstellen kann. Mit den einzelnen Zeitformen werden also, relativ zum Sprechzeitpunkt, Perspektiven in die Vergangenheit (Rückschau) oder in die Zukunft (Vorschau) eröffnet. Um textunabhängige Zeitpunkte oder Zeitspannen zu bezeichnen, muss auf sprachliche Mittel zurückgegriffen werden, die sich auf die Uhr- oder die Kalenderzeit beziehen (*seit fünf Minuten, drei Jahre lang, am 5. Mai 1997* usw.).

Die einzelnen Zeitformen haben gewöhnlich nicht nur *eine* Bedeutung, ihre Geltungsbereiche überlappen sich:

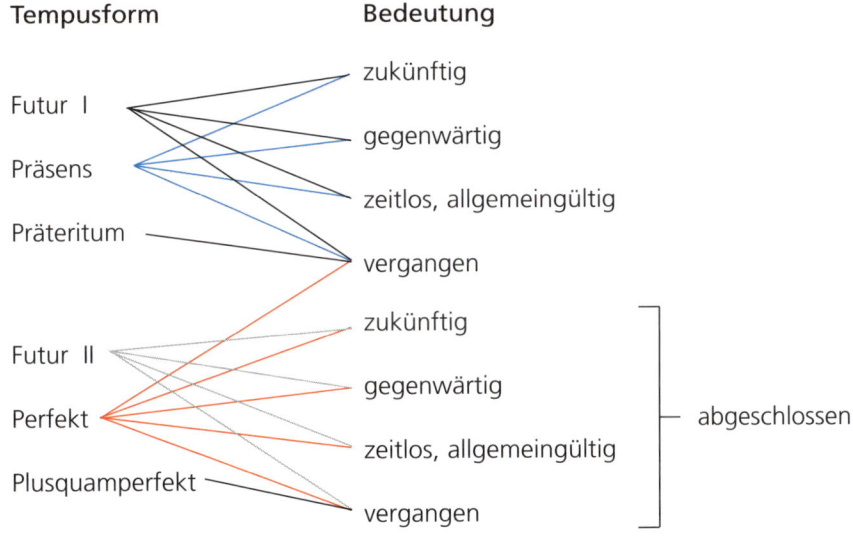

Das Präsens

49 Das Präsens ist das neutrale Tempus, von dem sich die anderen Tempora abheben. Es wird folgendermaßen gebraucht:

1. Es kann ausdrücken, dass etwas gerade jetzt besteht oder geschieht:

    Ich *lese* in einer Grammatik. He, du *stehst* auf meinem Fuß!

2. Wir verwenden das Präsens auch in Sätzen, die etwas Zukünftiges beschreiben:

    Nächsten Sonntag *schlafe* ich bis 11 Uhr!

3. Das Präsens kann sogar etwas Vergangenes ausdrücken, so beispielsweise in einem Geschichtsbuch:

    Im Jahre 800 *wird* Karl der Große vom Papst zum Kaiser *gekrönt*.

    In einer Erzählung wird das Präsens oft benutzt, um das Vergangene dem Leser gegenwärtig zu machen:

    Und wie ich die Tür *öffne*, da *starren* mich im Dunkeln zwei leuchtende Augen an.

4. Und schließlich stehen Sätze, die etwas zeitlos Gültiges ausdrücken, gewöhnlich im Präsens:

    Ein Kubikdezimeter Wasser *wiegt* ein Kilogramm.

Das Futur I

50 1. Mit dem Futur I kann man hervorheben, dass etwas erst noch bevorsteht:

    Das *werde* ich dir noch *heimzahlen*!

2. Daneben wählt man das Futur I bei einer Vermutung über etwas, was sich gerade abspielt:

    In Tante Emilies Päckchen *wird* wohl wieder ein Kuchen *stecken*.

3. In Sprichwörtern und dergleichen steht das Futur I bei zeitlos gültigen Aussagen.

    Wer Wind sät, *wird* Sturm *ernten*.

4. Manchmal wird sogar für Vergangenes das Futur I gebraucht, nämlich dann, wenn in einer Erzählung auf etwas in der Vergangenheit erst Bevorstehendes hingewiesen wird.

    1912 schien die Welt noch in bester Ordnung zu sein, Wirtschaft und Kultur blühten – aber schon zwei Jahre später *wird* der Erste Weltkrieg die Zerbrechlichkeit der damaligen Gesellschaft *beweisen*.

Das Präteritum

51 Das Präteritum erzählt von etwas Vergangenem:

    Als ich die Tür *öffnete, starrten* mich aus dem Dunkeln zwei leuchtende Augen *an*.

Das Perfekt

52 1. Das Perfekt kann etwas Abgeschlossenes ausdrücken, das in die Gegenwart hineinwirkt:

> Familie Fischer *ist weggezogen* (das heißt: wohnt jetzt nicht mehr hier).

2. Es wird für etwas Abgeschlossenes ohne Bezug zur Gegenwart gebraucht, etwa bei sachlichen Feststellungen oder abschließenden Urteilen über Vergangenes:

> Im Jahre 800 *ist* Karl der Große zum Kaiser *gekrönt worden*.
> Euer Entscheid *hat* sich als Fehler *herausgestellt*.

3. Es steht oft für etwas Abgeschlossenes in der Zukunft:

> Bis morgen *habe* ich die Arbeit *abgeschlossen*.
> Ich gebe dir Bescheid, sobald ich mehr *erfahren habe*.

4. Schließlich verwendet man es für etwas Abgeschlossenes im Zusammenhang mit einer allgemeingültigen Aussage:

> Wer einmal schwimmen *gelernt hat*, verlernt es nicht mehr.

5. In den vorangehenden Gebrauchsweisen hat das Perfekt immer etwas Abgeschlossenes ausgedrückt. Das Perfekt kann aber auch einfach von Vergangenem erzählen; in dieser Verwendung steht es neben dem Präteritum. Das gilt vor allem für den Süden des deutschen Sprachraums, wo in der Umgangssprache bzw. in den Mundarten das Präteritum oft ganz durch das Perfekt ersetzt wird. Erzählende Perfektformen können freilich schwerfällig wirken:

> Der Himmel *hat* sich immer mehr *verfinstert* – und plötzlich *hat* ein Blitz *gezuckt*. (Mit dem Präteritum: Der Himmel *verfinsterte* sich immer mehr, und plötzlich *zuckte* ein Blitz.)

Das Futur II

53 1. Mit dem Futur II kann man etwas Abgeschlossenes in der Zukunft anzeigen:

> Und schon morgen *wird* es sich diese Windfahne wieder anders *überlegt haben*!

2. Besonders oft wird es bei Vermutungen über etwas Abgeschlossenes gebraucht, sei es, dass das betreffende Ereignis in die Gegenwart hineinwirke oder nicht:

> Peter *wird* den Zug *verpasst haben*, sonst wäre er jetzt hier.
> Cäsar *wird gewusst haben*, dass ihm viele nach dem Leben trachteten.

Das Plusquamperfekt

54 Das Plusquamperfekt drückt aus, dass etwas abgeschlossen ist und in Beziehung zu einem Geschehen steht, von dem im Präteritum berichtet wird:

> Nachdem ich ihn vom Projekt *überzeugt hatte*, packte er eifrig mit an.

Der Modus

55 Das deutsche Verb kennt **vier Aussageweisen** oder **Modi** (Singular: der Modus): **Indikativ, Imperativ, Konjunktiv I** und **Konjunktiv II**. Die folgende Tabelle zeigt, welche Kombinationen von Aussageweise und Tempus im Deutschen möglich sind (Beispiele in der 2. Person Singular):

	Indikativ	Imperativ
Präsens	du sprichst	sprich!
Perfekt	du hast gesprochen	–
Präteritum	du sprachst	–
Plusquamperfekt	du hattest gesprochen	–
Futur I	du wirst sprechen	–
Futur II	du wirst gesprochen haben	–

	Konjunktiv I	Konjunktiv II
Präsens	du sprechest	du sprächest
Perfekt	du habest gesprochen	du hättest gesprochen
Präteritum	–	–
Plusquamperfekt	–	–
Futur I	du werdest sprechen	du würdest sprechen
Futur II	du werdest gesprochen haben	du würdest gesprochen haben

Zu den würde-Formen im Konjunktiv II → 61.
Zur Herleitung der Konjunktivformen → 72.

56 Die Aussageweisen drücken aus, wie der Sprecher oder Schreiber zu dem steht, was er aussagt. So ist am Modus abzulesen, ob er etwas erzählt, von dessen Richtigkeit er überzeugt ist, ob er etwas Unwirkliches, nur Vorgestelltes berichtet oder ob er gar nur die Gedanken eines Dritten wiedergibt.

Der Indikativ

57 Der Indikativ ist die neutrale, «normale» Aussageweise des Verbs, von der sich die anderen Aussageweisen abheben. Häufig wählt ein Schreiber den Indikativ, um auszudrücken, dass etwas wirklich geschieht, geschehen ist bzw. geschehen kann.

> Das Haus an der Ecke Brunnen-/Steintobelstraße *ist abgebrochen worden*.
> Heute *scheint* endlich wieder einmal die Sonne.
> Wenn du die Pflanzen nicht regelmäßig *gießt*, gedeihen sie nicht recht.
> Morgen *werden* wir es besser *wissen*.

Der Imperativ

58 Der Imperativ wird vor allem in direkten Aufforderungen gebraucht und richtet sich an ein Gegenüber. Die entsprechenden Pronomen der 2. Person Singular und Plural, *du* und *ihr*, werden nur zur Hervorhebung gesetzt; sonst werden sie weggelassen:

> *Zeig* (du) mir doch den Weg! *Komm* pünktlich zurück! *Lest* auf Seite 14!
> *Hilf* mir bitte! *Sei* mir nicht länger böse! *Habt* keine Angst! *Werde* nicht frech!

Daneben gibt es die höfliche Aufforderung in der 3. Person an jemanden, den man siezt, und die Aufforderung in der wir-Form, wenn der Sprecher Teil der angesprochenen Gruppe ist:

> *Setzen* Sie sich bitte! *Seien* Sie vorsichtig! Bitte *unterschreiben* Sie hier.
> *Kommen* wir zur Sache! *Seien* wir doch damit zufrieden!

Der Konjunktiv I

59 Der Konjunktiv I wird vor allem in der indirekten Rede gebraucht (→ 63). Daneben dient er zum Ausdruck von Anweisungen (etwa in der Kochkunst und in der Mathematik) sowie von Vergleichen (hier neben dem Konjunktiv II) und Einräumungen:

> Man *nehme* 300 g Mehl und *füge* drei Eier hinzu ... Gegeben *seien* zwei Parallelen und ein Kreis. Er tat, als ob er mit allem einverstanden *sei* (hier auch Konjunktiv II: *wäre*). Ich gehe morgen baden – und *sei* es noch so kalt!

Der Konjunktiv II

60 Mit dem Konjunktiv II kann man ausdrücken, dass eine Aussage unwirklich ist, dass man sich ihren Inhalt nur vorgestellt hat. Besonders häufig steht der Konjunktiv II in Bedingungssätzen (wenn-Sätzen), in Wunschsätzen sowie in höflichen Bitten und Aussagen. Zur indirekten Rede → 63.

> Wenn der Naturschutz nicht *eingeschritten wäre*, *führte* heute eine Schnellstraße durch dieses Moor. Bei schlechtem Wetter *könnten* wir das Spiel in die Halle verlegen. *Hättest* du nur auf mich *gehört*! *Hätten* Sie ein paar Minuten Zeit für mich? *Würden* Sie mich bitte nicht länger *stören*! Ich *würde sagen*, das Bild hängt noch nicht ganz waagrecht. Sie tat, als ob sie mit allem einverstanden *wäre* (hier auch Konjunktiv I: *sei*).

61 Im Konjunktiv II kann man oft wählen zwischen einfachen Verbformen und Verbindungen mit *würde*. Zwischen den beiden Varianten besteht fast kein Unterschied mehr – die Wahl der Form ist von einem grammatischen zu einem stilistischen Problem geworden. Eine Häufung von würde-Formen wirkt schwerfällig; am besten hält man sich an die folgenden Empfehlungen:

1. Wenn möglich sind die einfachen Formen zu verwenden.
2. Die würde-Formen empfehlen sich anstelle ungebräuchlicher Formen starker und unregelmäßiger Verben:

> Wenn ich Zeit *hätte*, *würde* ich dir helfen. (Statt: ... *hülfe* ich dir.)
>
> Wenn du das *tätest*, *würdest* du nur dich selbst *betrügen*. (Statt: ... *betrögest* du nur dich selbst.)
>
> Wenn ich ihn nur besser *kennen würde*! (Statt: Wenn ich ihn nur besser *kennte!*)

3. Indikativ Präteritum und Konjunktiv II Präsens haben bei vielen Verben gleichlautende Formen. Wo dies zu Missverständnissen führen kann, greift man zu würde-Formen:

> Ein Sieg unserer Mannschaft *würde* mich *überraschen*.
> (Zu undeutlich: Ein Sieg unserer Mannschaft *überraschte* mich.)
>
> Wenn wir *anfangen würden*, *ließen* wir es euch wissen.
> (Zu undeutlich: Wenn wir *anfingen*, *ließen* wir es euch wissen.)
>
> Wenn mir jemand dieses Angebot *machen würde*, *sagte* ich *zu*.
> (Oder: Wenn mir jemand dieses Angebot *machte*, *würde* ich *zusagen*.
> Unschön: Wenn mir jemand dieses Angebot *machen würde*, *würde* ich *zusagen*. Zu undeutlich: Wenn mir jemand dieses Angebot *machte*, *sagte* ich zu.)

62 Die würde-Formen waren ursprünglich die Futurformen zum Konjunktiv II (→ 55). Das heißt, zwischen *ich sprach* und *ich würde sprechen* bestand der gleiche Gegensatz wie im Indikativ, also zwischen *ich spreche* (Indikativ Präsens) und *ich werde sprechen* (Indikativ Futur I). Im heutigen Deutsch findet sich allerdings so gut wie kein temporaler Unterschied mehr zwischen den einfachen Konjunktiv-II-Formen und den würde-Formen. Die Bestimmung von Konjunktiv-II-Formen nach dem Tempus ist daher von nachgeordnetem Wert, sie sollte entsprechend – wenn nicht ganz darauf verzichtet wird – tolerant gehandhabt werden. So ist es durchaus akzeptabel, wenn eine Konjunktivform wie *ich würde kommen* als Präsens bezeichnet wird.

In manchen älteren Grammatiken wurden die würde-Formen als Konditional bezeichnet. Diese Benennung suggeriert zum einen eine funktionale Eigenständigkeit der würde-Formen und zum anderen eine Nähe zum *conditionnel* des Französischen bzw. zum *condizionale* des Italienischen, was aber keineswegs der Fall ist.

Konjunktiv I und II in der indirekten Rede

63 Die indirekte Rede steht gewöhnlich im Konjunktiv I oder II. Mit diesen Modi drückt der Sprecher oder Schreiber die Distanz aus zu dem, was er berichtet. Er kennzeichnet es als etwas, dessen Wahrheit er nicht selber verbürgen kann. Der Modusgebrauch ist heute bei der indirekten Rede nicht mehr ganz fest. Am sinnvollsten hält man sich an die folgenden Regeln:

1. Grundsätzlich verwendet man in der indirekten Rede den Konjunktiv I:

> Die Zeitung schreibt, die Theateraufführung *sei* ein Erfolg *gewesen*.
> Der Reporter fragte den Erfinder, ob sein Gerät schon im Laden gekauft werden *könne*. Deine Kolleginnen behaupten, du *habest gemogelt*.

2. Wo sich die Formen des Konjunktivs I nicht von denen des Indikativs unterscheiden, nimmt man der Deutlichkeit wegen den Konjunktiv II:

> Die Gegner glauben, sie *hätten* die besseren Argumente.
> (Zu undeutlich: Die Gegner glauben, sie *haben* die besseren Argumente.)
> Manche Raucher meinen, sie *dürften* überall ihren Qualm verbreiten.
> Die Zeitung schreibt, solch handfeste Methoden *würden* sich unter gesitteten Bürgern nicht *empfehlen*. (Die würde-Form vermeidet hier eine altertümliche Form des einfachen Konjunktivs II; → 61.
> Kaum: Die Zeitung schreibt, solch handfeste Methoden *empföhlen* sich unter gesitteten Bürgern nicht.)
> Viele glauben, die Politiker *redeten* zu viel und *handelten* zu wenig. (Oder mit würde-Form:) Viele glauben, die Politiker *würden* zu viel *reden* und zu wenig *handeln*.

Die Diathese (Handlungsrichtung): Aktiv und Passiv

64 Mit dem Hilfsverb *werden* und dem Partizip II kann eine besondere Art zusammengesetzter Verbformen gebildet werden, die man **Passiv** nennt. Sie heben sich von den einfacheren «normalen» Verbformen ab, die man als **Aktiv** bezeichnet.
Eine Zusammenstellung aller aktiven und passiven Verbformen bieten die Tabellen → 75–79.

65 Passivformen sind nur bei Verben möglich, deren Subjekt im Aktiv einen «Täter» oder – etwas allgemeiner gesagt – ein «Agens» ausdrückt, das heißt eine handelnde Person, eine Kraft oder auch einen Sachverhalt, von dem eine Wirkung ausgeht:

> Aktiv: *Die Handwerker* renovieren jetzt das Haus.
> Passiv: Das Haus wird jetzt *(von den Handwerkern)* renoviert.
>
> Aktiv: *Das Geräusch* weckte die Kinder.
> Passiv: Die Kinder wurden *(vom Geräusch)* geweckt.
>
> Aktiv: *Die Geldknappheit* verhindert den Weiterbau.
> Passiv: Der Weiterbau wird *(von der Geldknappheit)* verhindert.

Wie die Beispiele zeigen, rückt im Passiv der «Täter» bzw. das «Agens» in den Hintergrund: das Subjekt des aktiven Verbs fehlt entweder ganz oder wird nur durch eine Präpositionalgruppe mit von (oder *durch*) ausgedrückt. Das Aktiv wird darum oft als die täterzugewandte Form des Verbs bezeichnet, das Passiv als die täterabgewandte. Aktiv und Passiv fasst man unter der Bezeichnung **Diathese** oder **Handlungsrichtung** zusammen.

In manchen Grammatiken wird für die Diathese (die Handlungsrichtung) der Fachausdruck Genus Verbi verwendet (wörtlich: Gattung des Verbs). Wegen der Gefahr der Verwechslung mit dem Genus der deklinierbaren Wörter empfehlen wir, die obengenannten Bezeichnungen Diathese oder Handlungsrichtung zu verwenden.

66 Verben, die im Aktiv ein **Akkusativobjekt** bei sich haben (transitive Verben; → 37), verwandeln dieses im Passiv ins Subjekt. Die inhaltliche Leistung des Satzgliedes bleibt dabei gleich. Wenn das Akkusativobjekt beispielsweise die von der Handlung betroffene Person oder Sache ausdrückt, dann gilt dies auch für das Subjekt im Passiv. Sätze mit Passivformen zu transitiven Verben haben also ebenfalls ein Subjekt, aber ein anderes als Sätze mit Aktivformen:

Aktiv: Die Handwerker renovieren jetzt das Haus.
| Subjekt | Akkusativobjekt |
| handelnde Personen | betroffene Sache |

Passiv: Das Haus wird jetzt von den Handwerkern renoviert.
| Subjekt | Präpositionalgruppe (weglassbar) |
| betroffene Sache | handelnde Personen |

67 Andere Satzglieder werden im Passiv nicht umgewandelt. Sätze mit Passivformen von Verben, die im Aktiv kein Akkusativobjekt bei sich haben (intransitive Verben; → 37), sind daher im Passiv subjektlos.

Aktiv: Viele Menschen stimmen diesen Ansichten zu.
| Subjekt | Dativobjekt |
| beurteilende Personen | betroffener Sachverhalt |

Passiv: Diesen Ansichten wird von vielen Menschen zugestimmt.
| Dativobjekt | Präpositionalgruppe (weglassbar) |
| betroffener Sachverhalt | beurteilende Personen |

Das Subjekt *man* in aktiven Sätzen kennt keine Entsprechung im Passiv, es kann also nicht in eine Präpositionalgruppe umgewandelt werden:

Man renoviert jetzt dieses Haus.
→ Dieses Haus wird jetzt renoviert.

Man stimmt seinen Ansichten allgemein zu.
→ Seinen Ansichten wird allgemein zugestimmt.

Im folgenden Beispiel ist das Pronomen *es* am Satzanfang des Passivsatzes nur Platzhalter, nicht Subjekt (→ 199):

Aktiv: Man arbeitete auch in der Nacht.

Passiv: Es wurde auch in der Nacht gearbeitet.
(Umstellprobe:) Auch in der Nacht wurde gearbeitet.
(Pronomen *es* fällt weg!)

Varianten zum Passiv

68 Neben dem Passiv aus *werden* und Partizip II gibt es im Deutschen zahlreiche weitere Fügungen, die mit dem Passiv gemeinsam haben, dass der «Handelnde» oder «Täter» in den Hintergrund rückt oder ganz weggelassen wird. Man spricht hier deshalb auch von **Passivvarianten.** Meist haben diese Fügungen eine besondere Färbung, drücken zum Beispiel die Möglichkeit oder die Notwendigkeit, den Beginn oder den Abschluss eines Vorgangs aus.

Aktiv:	Das Geschäft *liefert* den Kunden frische Ware.
Passiv:	Den Kunden *wird* frische Ware *geliefert*.
Passivvarianten:	Die Kunden *bekommen* frische Ware *geliefert*.
	Den Kunden *ist* frische Ware *zu liefern*.
	Die Ware *ist* jetzt *geliefert*.
	Die Ware *ist* weiterhin *lieferbar*.
	Die Ware *lässt sich liefern*.
	Die Ware *gehört* endlich *ausgeliefert*.
	Die Ware *kommt zur Lieferung* (*gelangt zur Auslieferung*).

Die dritte Variante *(ist ... geliefert)* wird auch als Zustandspassiv oder sein-Passiv bezeichnet; zur Abgrenzung kann man das «normale» Passiv als Vorgangs- oder werden-Passiv bezeichnen *(wird ... geliefert)*.

Die Konjugationsarten

69 Nicht alle Verben bilden ihre Formen gleich. Die auffallendsten Unterschiede zeigen sich im **Präteritum** und im **Partizip II.** Man kann darum diese Formen heranziehen, um **Konjugationsarten** zu unterscheiden. Die drei Verbformen Infinitiv, Präteritum und Partizip II werden auch als die Stamm- oder Kennformen des Verbs bezeichnet.

Die **regelmäßige** oder **schwache** Konjugation gilt für den größten Teil der Verben. Präteritum und Partizip werden hier mit t-Endungen gebildet; der Stamm bleibt unverändert.

Zur **unregelmäßigen** Konjugation gehören weitaus weniger, dafür aber zum Teil sehr häufig gebrauchte Verben. Das Präteritum und oft auch das Partizip II unterscheiden sich vom Infinitiv im **Stammvokal,** sind also mit innerer Abwandlung gebildet (Ablaut; → 24). Gelegentlich sind auch die Konsonanten von der inneren Abwandlung betroffen. Bei der Unterart der sogenannten **starken** Verben genügt die innere Abwandlung für die Bildung des Präteritums, bei der Unterart der **gemischten** Verben wird zusätzlich noch die Endung *-te* angefügt. Das Partizip II endet bei den starken Verben auf *-en*, bei den gemischten auf *-t*.

Konjugationsart	Stammformen		
	Infinitiv	Präteritum	Partizip II
Regelmäßig (schwach) Nur t-Endungen, kein Vokalwechsel	machen entdecken reparieren reden drehen	machte entdeckte reparierte redete drehte	gemacht entdeckt repariert geredet gedreht
Unregelmäßig I (stark) Keine t-Endungen, aber Vokalwechsel	finden nehmen tragen lassen sehen schneiden ziehen stehen gehen tun sein	fand nahm trug ließ sah schnitt zog stand ging tat war	gefunden genommen getragen gelassen gesehen geschnitten gezogen gestanden gegangen getan gewesen
Unregelmäßig II (gemischt) t-Endungen und Vokalwechsel	nennen bringen können mögen wissen	nannte brachte konnte mochte wusste	genannt gebracht gekonnt (→ 45) gemocht (→ 45) gewusst

Zum Indikativ Präsens und zum Imperativ der starken Verben

70 Die meisten starken Verben mit Stammvokal *a* sowie einige mit Stammvokal *o* haben in der 2. und 3. Person Singular des Indikativ Präsens Umlaut:

  tragen → du trägst, er/sie trägt (aber: ihr tragt)
  blasen → du bläst, er/sie bläst (aber: ihr blast)
  raten → du rätst, er/sie rät (aber: ihr ratet)
  stoßen → du stößt, er/sie stößt (aber: ihr stoßt)

71 Viele Verben mit Stammvokal *e* oder *ö* tauschen diesen in der 2. und 3. Person Singular des Indikativ Präsens sowie im Imperativ der zweiten Person Singular gegen *i* ein; diese Änderung wird nach dem am häufigsten vorkommenden Fall e/i-Wechsel genannt.

  brechen → du brichst, er/sie bricht (aber: ihr brecht); brich!
  helfen → du hilfst, er/sie hilft (aber: ihr helft); hilf!
  erlöschen → es erlischt

Zur Herleitung der Konjunktivformen

72 Die einfachen Formen des Konjunktivs I lassen sich vom Infinitiv ableiten, diejenigen des Konjunktivs II vom Präteritum. Die Formen des Konjunktivs II haben aber nicht das Bedeutungsspektrum der Präteritumformen, sondern dasjenige der Präsensformen (→ 49).

Infinitiv	Konjunktiv I	Präteritum	Konjunktiv II
machen	→ er/sie mache	er/sie machte	→ er/sie machte
reparieren	→ er/sie repariere	er/sie reparierte	→ er/sie reparierte
reden	→ er/sie rede	er/sie redete	→ er/sie redete
finden	→ er/sie finde	er/sie fand	→ er/sie fände
nehmen	→ er/sie nehme	er/sie nahm	→ er/sie nähme
lassen	→ er/sie lasse	er/sie ließ	→ er/sie ließe
sehen	→ er/sie sehe	er/sie sah	→ er/sie sähe
ziehen	→ er/sie ziehe	er/sie zog	→ er/sie zöge
gehen	→ er/sie gehe	er/sie ging	→ er/sie ginge
tun	→ er/sie tue	er/sie tat	→ er/sie täte
sein	→ er/sie sei	er/sie war	→ er/sie wäre
bringen	→ er/sie bringe	er/sie brachte	→ er/sie brächte
können	→ er/sie könne	er/sie konnte	→ er/sie könnte
wissen	→ er/sie wisse	er/sie wusste	→ er/sie wüsste
haben	→ er/sie habe	er/sie hatte	→ er/sie hätte

73 Die unregelmäßigen (starken oder gemischten) Verben, deren Stamm im Präteritum ein *a*, *o* oder *u* enthält, weisen Umlaut auf *(a, o, u → ä, ö, ü)*; statt und neben Formen mit *ä* stehen manchmal solche mit *ö* oder *ü*: *ich stände* oder *ich stünde, ich begänne* oder *ich begönne*. Formen mit *ö* veralten allmählich; zu ihrem Ersatz → 61.

Übersicht über die Formen eines Verbs

74 Die folgenden Tabellen zeigen alle Konjugationsformen des starken Verbs *tragen*.

Die infiniten Verbformen

75

	Aktiv	Passiv
Infinitiv (Präsens)	tragen	getragen werden
Infinitiv Perfekt	getragen haben	getragen worden sein
Partizip I	tragend	
Partizip II		getragen

Die finiten Verbformen im Imperativ

76 Im gewöhnlichen Passiv mit *werden* sind keine Imperativformen gebräuchlich; die Tabelle führt darum Formen mit *sein* auf (sein-Passiv; → 68).

	Aktiv	sein-Passiv
(Präsens)	trag! / trage! tragen wir! tragt! tragen Sie!	sei getragen! seien wir getragen! seid getragen! seien Sie getragen!

Die finiten Verbformen im Indikativ

77

	Aktiv	Passiv
Präsens	ich trage du trägst er/sie trägt wir tragen ihr tragt sie tragen	ich werde getragen du wirst getragen er/sie wird getragen wir werden getragen ihr werdet getragen sie werden getragen
Perfekt	ich habe getragen du hast getragen er/sie hat getragen wir haben getragen ihr habt getragen sie haben getragen	ich bin getragen worden du bist getragen worden er/sie ist getragen worden wir sind getragen worden ihr seid getragen worden sie sind getragen worden
Präteritum	ich trug du trugst er/sie trug wir trugen ihr trugt sie trugen	ich wurde getragen du wurdest getragen er/sie wurde getragen wir wurden getragen ihr wurdet getragen sie wurden getragen
Plusquamperfekt	ich hatte getragen du hattest getragen er/sie hatte getragen wir hatten getragen ihr hattet getragen sie hatten getragen	ich war getragen worden du warst getragen worden er/sie war getragen worden wir waren getragen worden ihr wart getragen worden sie waren getragen worden
Futur I	ich werde tragen du wirst tragen er/sie wird tragen wir werden tragen ihr werdet tragen sie werden tragen	ich werde getragen werden du wirst getragen werden er/sie wird getragen werden wir werden getragen werden ihr werdet getragen werden sie werden getragen werden

Futur II	ich werde getragen haben du wirst getragen haben er/sie wird getragen haben wir werden getragen haben ihr werdet getragen haben sie werden getragen haben	ich werde getragen worden sein du wirst getragen worden sein er/sie wird getragen worden sein wir werden getragen worden sein ihr werdet getragen worden sein sie werden getragen worden sein

Die finiten Verbformen im Konjunktiv I

78

	Aktiv	Passiv
Präsens	ich trage du tragest er/sie trage wir tragen ihr traget sie tragen	ich werde getragen du werdest getragen er/sie werde getragen wir werden getragen ihr werdet getragen sie werden getragen
Perfekt	ich habe getragen du habest getragen er/sie habe getragen wir haben getragen ihr habet getragen sie haben getragen	ich sei getragen worden du seist getragen worden er/sie sei getragen worden wir seien getragen worden ihr seiet getragen worden sie seien getragen worden
Futur I	ich werde tragen du werdest tragen er/sie werde tragen wir werden tragen ihr werdet tragen sie werden tragen	ich werde getragen werden du werdest getragen werden er/sie werde getragen werden wir werden getragen werden ihr werdet getragen werden sie werden getragen werden
Futur II	ich werde getragen haben du werdest getragen haben er/sie werde getragen haben wir werden getragen haben ihr werdet getragen haben sie werden getragen haben	ich werde getragen worden sein du werdest getragen worden sein er/sie werde getragen worden sein wir werden getragen worden sein ihr werdet getragen worden sein sie werden getragen worden sein

Die finiten Verbformen im Konjunktiv II

	Aktiv	Passiv
Präsens	ich trüge du trügest er/sie trüge wir trügen ihr trüget sie trügen	ich würde getragen du würdest getragen er/sie würde getragen wir würden getragen ihr würdet getragen sie würden getragen
Perfekt	ich hätte getragen du hättest getragen er/sie hätte getragen wir hätten getragen ihr hättet getragen sie hätten getragen	ich wäre getragen worden du wärest getragen worden er/sie wäre getragen worden wir wären getragen worden ihr wäret getragen worden sie wären getragen worden
Futur I	ich würde tragen du würdest tragen er/sie würde tragen wir würden tragen ihr würdet tragen sie würden tragen	ich würde getragen werden du würdest getragen werden er/sie würde getragen werden wir würden getragen werden ihr würdet getragen werden sie würden getragen werden
Futur II	ich würde getragen haben du würdest getragen haben er/sie würde getragen haben wir würden getragen haben ihr würdet getragen haben sie würden getragen haben	ich würde getragen worden sein du würdest getragen worden sein er/sie würde getragen worden sein wir würden getragen worden sein ihr würdet getragen worden sein sie würden getragen worden sein

Das Nomen (Substantiv)

Überblick

80 Nomen sind Wörter mit den folgenden Eigenschaften:

1. Sie haben ein festes Genus (grammatisches Geschlecht) (→ 81).

   Maskulinum (männlich): der Rand
   Femininum (weiblich):   die Wand
   Neutrum (sächlich):   das Land

2. Sie sind nach dem Numerus (der grammatischen Zahl) bestimmt, das heißt, sie stehen entweder im Singular oder im Plural (→ 83):

   Singular (Einzahl):   der Rand
   Plural (Mehrzahl):   die Ränder

3. Sie sind nach dem Kasus (dem Fall) bestimmt, das heißt, sie stehen immer in einem der vier Kasus (→ 86).

   Nominativ: der Rand
   Akkusativ: den Rand
   Dativ: dem Rand(e)
   Genitiv: des Rand(e)s

Außer *Nomen* ist für diese Wortart auch der Ausdruck *Substantiv* gebräuchlich (→ 31).

Das Genus (das grammatische Geschlecht)

81 Nomen haben ein festes Genus (grammatisches Geschlecht). Man erkennt es am einfachsten, indem man ihnen den bestimmten Artikel (→ 105) voranstellt (Artikelprobe). Von der Form des Nomens selbst kann man normalerweise nicht auf sein Genus schließen:

   Maskulinum (männlich): der Rand   der Pegel
   Femininum (weiblich):   die Wand   die Regel
   Neutrum (sächlich):   das Land   das Segel

Im Plural lautet der Artikel bei allen Nomen gleich:

   die Ränder   die Pegel
   die Wände   die Regeln
   die Länder   die Segel

Auch die anderen Pronomen sowie die Adjektive unterscheiden im Plural nicht nach dem Genus. Zur Bestimmung des Genus müssen pluralische Nomen also in den Singular umgewandelt werden:

 die Dornen → der Dorn (also Maskulinum)

Bei Nomen, die nur im Plural vorkommen (→ 84), kann man kein Genus feststellen, zum Beispiel:

 die Leute, die Ferien, die Trümmer

82   Das Genus der Nomen hängt meist nicht mit seiner Bedeutung zusammen. Dies gilt allgemein für Sachbezeichnungen, es gilt aber oft auch für Personenbezeichnungen. So sind nicht alle maskulinen Nomen auch in der Bedeutung «männlich», vgl. zum Beispiel: Sie war *der Star* des Abends. Und ein Nomen wie *Kind* bezeichnet nichts «Sächliches» oder «Geschlechtsloses», sondern je nachdem ein Mädchen oder einen Jungen (oder lässt offen, ob es sich um ein Mädchen oder einen Jungen handelt).

Man sollte daher zwischen dem **Genus,** dem grammatischen Geschlecht, und dem **Sexus,** dem natürlichen Geschlecht, unterscheiden.

Wenn man vom Sexus spricht, verwendet man gewöhnlich deutsche Bezeichnungen, also männlich, weiblich, sächlich oder auch geschlechtsneutral. Für das Genus wählt man am besten die lateinischen Bezeichnungen: *maskulin, feminin, neutral* (nominalisiert: *das Maskulinum, das Femininum, das Neutrum*); → 29, 30. Leider sind die Nominalisierungen etwas umständlich, und bei den adjektivischen Bezeichnungen ist *neutral* nicht allgemein üblich. In eindeutigem Zusammenhang – etwa bei Sachbezeichnungen – kann man daher auch die deutschen Ausdrücke verwenden.

Der Numerus (die grammatische Zahl)

83   Nomen sind nach dem **Numerus,** der grammatischen Zahl, bestimmt. Das heißt, sie stehen entweder im **Singular** (in der Einzahl) oder im **Plural** (in der Mehrzahl). Der Singular ist die «neutrale» Form des Nomens, von der sich der Plural abhebt. Zeichen des Plurals sind **Endungen** oder **Umlaut** – oder auch beides zugleich. Manchmal bleibt der Plural allerdings äußerlich unbezeichnet:

	mit Umlaut	ohne Umlaut
mit Endung	der Baum → die Bäume der Wald → die Wälder die Not → die Nöte das Gut → die Güter	der Tag → die Tage das Feld → die Felder die Tat → die Taten die Kamera → die Kameras
ohne Endung	der Nagel → die Nägel die Tochter → die Töchter der Garten → die Gärten das Kloster → die Klöster	der Schlüssel → die Schlüssel der Brunnen → die Brunnen das Muster → die Muster das Gebirge → die Gebirge

Bei Nomen ohne Pluralkennzeichen ist der Plural gewöhnlich am Artikel oder sonst aus dem Zusammenhang erkennbar, in den folgenden Beispielen an der Form des Adjektivs (→ 129) und des Verbs (Kongruenz zwischen Subjekt und finitem Verb, → 161, 197):

> Frisches Wasser mundet gut (Singular). Stille Wasser gründen tief (Plural).

84 Einige wenige Nomen kommen nur im Plural vor (Fachbezeichnung: Pluraletantum):

> die Leute, die Ferien, die Trümmer, die Gliedmaßen, die Aktiven
> (in der Buchhaltung), die Lebensmittel, die Alpen (als Gebirge),
> die Azoren (Inselgruppe)

85 Bei manchen Fremdwörtern ändert sich der Stammausgang, wenn die Pluralendung *-en* antritt; bei andern sind noch die Formen der Herkunftssprache gebräuchlich.

Ersatz des Wortausgangs durch *-en*:

> der Rhythmus → die Rhythmen, der Globus → die Globen (oder: die Globusse), die Villa → die Villen, das Album → die Alben

Mit Stammerweiterung:

> der Embryo → die Embryonen (oder: die Embryos), das Prinzip → die Prinzipien, das Material → die Materialien

Weiter gehende Änderungen:

> der Kaktus → die Kakteen (oder: die Kaktusse), der Atlas → die Atlanten (oder: die Atlasse)

Fremde Pluralformen:

> das Visum → die Visa (oder: die Visen), das Konto → die Konti (oder: die Kontos, die Konten), der Modus → die Modi, das Schema → die Schemata (oder: die Schemas), das Tempus → die Tempora, das Genus → die Genera

> Falsch: die Spaghettis, die Visas, die Schematas (*eine* Kennzeichnung für den Plural genügt!)

Die vier Kasus (Fälle)

86 Nomen stehen immer in einem der vier Kasus (Fälle). Den Kasus kann man immer mit mindestens einer der folgenden drei Proben erkennen (Genaueres → 2–5):

– **Ableseprobe:** Wenn es sich um ein maskulines Nomen im Singular handelt, kann man den Kasus am Begleiter ablesen.

– **Ersatzprobe I (Maskulinprobe):** Wenn es sich um ein anderes Nomen handelt, setzt man ein **maskulines** Nomen im Singular an seine Stelle; der Kasus kann dann am **Begleiter** abgelesen werden (= Ableseprobe).

– **Ersatzprobe II (Frageprobe):** Man fragt nach dem betreffenden Nomen.

Die Frageprobe ist in der Schule am populärsten, sie hat aber ihre Grenzen, wie auch das dritte der folgenden Beispiele zeigt (→ 2):

Peter *gefällt dieses* Buch.
→ Ersatzprobe II (Frageprobe):
Wem *gefällt dieses Buch?* – *Peter.* Also Dativ.
Wer oder was *gefällt Peter?* – *Das Buch.* Also Nominativ.

Bären schlafen während des Winters.
→ Ableseprobe, denn *Winter* ist ein männliches Nomen: *des* → Genitiv.

Die Sitzung dauerte sieben Stunden.
→ Frageprobe (Ersatzprobe II) und Ableseprobe führen zu keinem Ergebnis, also Maskulinprobe (Ersatzprobe I):
Die Sitzung dauerte einen Tag. Jetzt ablesbar am Begleiter: *einen* → Akkusativ.

Bei der Ersatzprobe muss nicht unbedingt ein sinnvolles Wort gesucht werden – die Probe funktioniert auch, wenn man unabhängig vom Sinn immer dasselbe Wort einsetzt, zum Beispiel «Baum».

87 Die Kasus werden in Grammatiken auf zweierlei Weise angeordnet. Die Reihenfolge Nominativ – Genitiv – Dativ – Akkusativ hat eine lange Tradition. Daneben gibt es eine neuere, noch nicht so verbreitete Anordnung: Nominativ – Akkusativ – Dativ – Genitiv. Diese Reihenfolge wird sowohl der Gebrauchshäufigkeit der Kasus als auch deren formaler Ausprägung besser gerecht. Seit der 7. Auflage wird sie auch in der Duden-Grammatik verwendet. Wir orientieren uns jetzt – im Gegensatz zu früheren Auflagen – ebenfalls an der neueren Abfolge.

Die Kasusformen

88 Nicht alle Nomen haben die gleichen Kasusendungen. In der folgenden Tabelle sind die wichtigsten Formenreihen aufgeführt. Die Reihen für den Singular (I bis IV) lassen sich anhand der Form des Genitivs auseinanderhalten:

	I keine Genitivendung (Null-Deklination)	II Genitivendung -es/-s (s-Deklination)	III Genitivendung -s (Eigennamen-Deklination)	IV Genitivendung -en/-n (n-Deklination)	V keine Genitivendung Kasusdeklination im Plural
Nominativ	die Frucht	der Stift	Julia	der Graf	die Früchte
Akkusativ	die Frucht	den Stift	Julia	den Graf**en**	die Früchte
Dativ	der Frucht	dem Stift	Julia	dem Graf**en**	den Frücht**en**
Genitiv	der Frucht	des Stift**(e)s**	Julia**s**	des Graf**en**	der Früchte
Nominativ	die Tasche	der Würfel	Zürich	der Rabe	die Taschen
Akkusativ	die Tasche	den Würfel	Zürich	den Rabe**n**	die Taschen
Dativ	der Tasche	dem Würfel	Zürich	dem Rabe**n**	den Taschen
Genitiv	der Tasche	des Würfel**s**	Zürich**s**	des Rabe**n**	der Taschen

89 Der Formenreihe I (Null-Deklination) folgen alle weiblichen Nomen (außer den artikellosen Personennamen; → Formenreihe III).

Zur Formenreihe II (s-Deklination) gehört die Mehrheit der männlichen und alle sächlichen Nomen. Je nach Wortausgang findet sich die lange Genitivendung *-es*, die kurze Endung *-s* oder beide Varianten: des *Fasses*, des *Gitters*, des *Tisches* oder des *Tischs*. Im Dativ findet sich gelegentlich noch die Endung *-e* (Dativ-e), im heutigen Deutsch allerdings fast nur noch in festen Wendungen: im *Walde*, nach *Hause*, bei *Tage*, im *Jahre* X.

Formenreihe III gilt für alle artikellosen Eigennamen (männliche und weibliche Personennamen sowie geografische Namen mit Genus Neutrum). Diese Nomen bekommen im Genitiv die kurze Endung *-s*. Wenn der Stamm allerdings auf einen s-Laut ausgeht (in Buchstaben: auf *-s*, *-ss*, *-z*, *-tz*, *-x* usw.), steht anstelle des Genitiv-s der Apostroph: *Marlies' und Felix' Streitereien, St. Moritz' Skipisten*.

Zur Formenreihe IV (n-Deklination) gehört nur ein Teil der männlichen Nomen. Diese bilden nicht nur den Genitiv, sondern auch den Dativ und den Akkusativ mit der Endung *-en/-n*. Wenn dem Nomen weder ein Begleiter noch ein Adjektiv vorangeht, fehlt die Endung heute gewöhnlich: *ein Orchester ohne Dirigent*, aber nur: *ohne einen Dirigenten, ohne guten Dirigenten*.

Die Formenreihe V gilt für den Plural. Hier hat nur der Dativ eine Kasusendung, und zwar bekommen alle Nomen, die auf *-e*, *-er* oder *-el* ausgehen, die Endung *-n*. Die übrigen Nomen erhalten im Plural keine besonderen Kasusendungen: mit diesen *Taschen* (*-n* ist hier Pluralendung, im Dativ kann kein zusätzliches *-n* angefügt werden), in den *Gärten*, mit solchen *Autos*.

Die Kennformen des Nomens

90 Bei Nomen machen häufig die Bestimmung des Genus sowie die Bildung der Kasusformen und des Plurals Mühe: *Der* oder *das Raster? Des Magnets* oder *des Magneten? Die Bogen* oder *die Bögen?**

Der Rechtschreibe-Duden bringt darum nach dem Stichwort im Nominativ Singular (Nennform; → 18) der Reihe nach die folgenden Angaben:

1. den bestimmten Artikel, an dem das Genus ablesbar ist
2. die Endung des Genitivs des Singulars
3. die Endung des Plurals (im Nominativ)

Die übrigen Formen lassen sich von diesen Angaben ableiten.

Endungslose Formen sind mit einem Strich markiert. Wenn sich im Plural der Stamm ändert (Umlaut, Änderung im Stammausgang usw.; → 83, 85), wird die betreffende Wortform ganz oder teilweise ausgeschrieben. Zusammensetzungen sind unter dem Grundwort (→ 149) nachzuschlagen, *Esstisch* zum Beispiel unter *Tisch*.

* Bei diesen Beispielen sind je beide Varianten richtig!

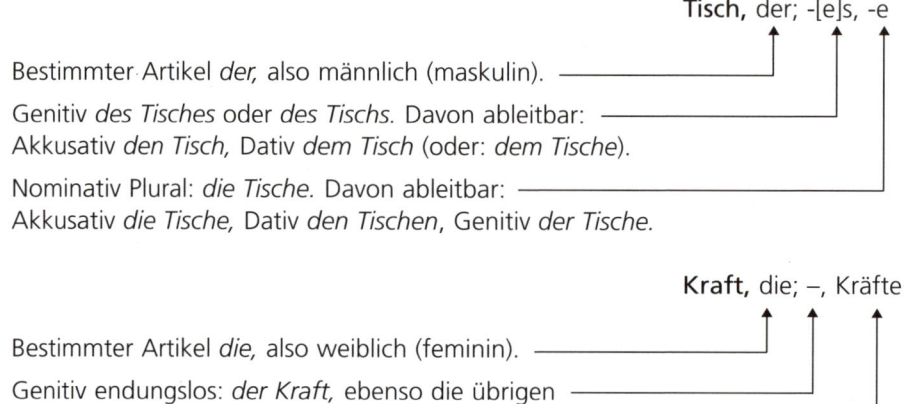

Bestimmter Artikel *der*, also männlich (maskulin).

Genitiv *des Tisches* oder *des Tischs*. Davon ableitbar:
Akkusativ *den Tisch*, Dativ *dem Tisch* (oder: *dem Tische*).

Nominativ Plural: *die Tische*. Davon ableitbar:
Akkusativ *die Tische*, Dativ *den Tischen*, Genitiv *der Tische*.

Bestimmter Artikel *die*, also weiblich (feminin).

Genitiv endungslos: *der Kraft*, ebenso die übrigen
Kasusformen im Singular.

Pluralformen mit Umlaut werden ganz oder teilweise
ausgeschrieben. Hier die Form im Nominativ Plural,
davon ableitbar: Akkusativ *die Kräfte*, Dativ *den Kräften*,
Genitiv *der Kräfte*.

Das Pronomen

Überblick

91 Als Pronomen bezeichnet man Wörter mit den folgenden Eigenschaften:

1. Sie sind **Begleiter** oder **Stellvertreter** des Nomens.
2. Sie sind **deklinierbar** und passen sich an ihr Bezugsnomen an, und zwar im Genus (im grammatischen Geschlecht) und im Numerus (in der grammatischen Zahl), als Begleiter auch im Kasus (Fall).

Sie lassen sich aufgrund der Aufgaben, die sie im Satz übernehmen, in zehn Untergruppen einteilen (→ 95).

Pronomen als Begleiter und Stellvertreter

92 Pronomen sind Begleiter und Stellvertreter des Nomens. Als Begleiter des Nomens geben sie Auskunft über Bekanntheit, Bestimmtheit, Zugehörigkeit, Anzahl usw.; als Stellvertreter verweisen sie auf bekannte oder nicht näher bekannte Nomen.

Begleiter	Stellvertreter
Lies *diese* Anleitung durch!	Lies *dies* durch!
Mein Filzstift ist eingetrocknet.	*Meiner* ist ebenfalls eingetrocknet.
Der Buchhändler hat *das* Buch *keinem* Kunden empfehlen können.	*Er* hat *es keinem (niemandem)* empfehlen können.
Welcher Pullover sitzt besser?	*Welcher* sitzt besser?

Viele Pronomen können sowohl Begleiter als auch Stellverteter sein, andere sind auf eine der beiden Rollen beschränkt. So sind der bestimmte und der unbestimmte Artikel nur Begleiter (→ 105, 114), das Personal- und das Reflexivpronomen nur Stellvertreter (→ 97, 99).

In einigen Grammatiken wird für die Begleiter der Fachausdruck «Artikelwort» verwendet, für die Stellvertreter der Fachausdruck «Pronomen». Die Wortart, die in der vorliegenden Grammatik in Übereinstimmung mit der Tradition als «Pronomen» bezeichnet wird, wird in der alternativen Terminologie mit einer Paarformel abgedeckt: «Artikelwörter und Pronomen». Mit anderen Worten: In der traditionellen Terminologie ist «Pronomen» ein Oberbegriff (= Begleiter und Stellvertreter), in der alternativen ein Unterbegriff (= nur Stellvertreter). Durch diese konkurrierenden Terminologien wird die Kommunikation im Bereich Grammatik nicht gerade erleichtert.

Zur Deklination der Pronomen

93 Die Pronomen sind deklinierbar. Sie passen sich im **Numerus,** im Singular auch im **Genus** (Geschlecht) an das Nomen an, auf das sie sich beziehen:

Maskulinum (männlich): der Mann → er
Femininum (weiblich): die Frau → sie   die { Männer / Frauen / Kinder } → sie
Neutrum (sächlich): das Kind → es

Pronomen sind auch im **Kasus** bestimmt. Als Begleiter übernehmen sie den Kasus des Nomens, bei dem sie stehen. Die meisten Pronomen haben deutlichere Kasusformen als die Nomen; der Kasus einer Wortgruppe ist daher oft nur am Pronomen ablesbar (vgl. Ableseprobe, → 4).

94 Die Deklination zeigt sich bei vielen Pronomen an Deklinationsendungen, so zum Beispiel bei *dieser* (→ 104). Ähnliche Endungen können auch die Adjektive aufweisen; sie werden dort als **stark** bezeichnet (→ 130):

Pronomen: dies**er** Kaffee, dies**e** Milch, dies**es** Wasser
Adjektiv: heiß**er** Kaffee, heiß**e** Milch, heiß**es** Wasser

Die zehn Unterarten des Pronomens

95 Es gibt nur eine begrenzte Anzahl Pronomen. Die Pronomen machen also nur einen sehr kleinen Teil des Wortschatzes aus, werden aber sehr häufig gebraucht – die Statistik weist das Pronomen *der, die, das* als das meistverwendete Wort des Deutschen aus.

Pronomen werden nach ihrem Gebrauch im Satz in 10 Unterarten eingeteilt. In der nachstehenden Tabelle sind die gebräuchlichen Pronomen zusammengestellt. (Ein paar seltenere Indefinitpronomen wie *etwelche* sind weggelassen.) Wie man sieht, gehören manche Pronomen zu mehr als einer Unterart.

96 Tabelle: Die zehn Unterarten des Pronomens

Personalpronomen			Reflexivpronomen		Possessivpronomen
ich	mich	mir	mich	mir	mein
wir	uns	uns	uns	uns	unser
du	dich	dir	dich	dir	dein
ihr	euch	euch	euch	euch	euer
er	ihn	ihm			sein
sie	sie	ihr	sich		ihr
es	es	ihm			sein
sie	sie	ihnen	einander		ihr

Demonstrativpronomen	Interrogativpronomen	Relativpronomen
dieser	wer, was	wer, was
jener	welcher	welcher
	was für ein	
derselbe		
derjenige		
solcher		
	bestimmter Artikel	
der, die, das	der, die, das	der, die, das

bestimmtes Zahlpronomen	unbestimmter Artikel		Indefinitpronomen	
ein, eine, ein	ein, eine, ein		ein, eine, ein	
zwei	man	irgendwer	allerlei	
drei	jedermann	irgendwelche	solcherlei	
…	jeder	irgendein	dreierlei	
zehn	jemand	kein	unsereiner	
elf	niemand	alle	deinesgleichen	
…	nichts	sämtliche	dergleichen	
hundert	etwas	beide		
tausend	genug	einige	ein bisschen	
…		etliche	ein wenig	
999 999		manche	ein paar	

Das Personalpronomen

97 Wir unterscheiden drei grammatische Personen:

> Die 1. Person steht für den Sprechenden: *ich, wir*
> Die 2. Person steht für den Angesprochenen: *du, ihr*
> Die 3. Person steht für alles, worüber man spricht (Personen, Sachen, Sachverhalte, Ereignisse, Vorstellungen usw.): *er, sie, es; sie*

Zur höflich-distanzierten Anrede verwendet man im Deutschen die 3. Person Plural, auch wenn man nur *eine* Person anspricht (Höflichkeitsform): *Sie, Ihnen ...*

98 Die Kasusformen des Personalpronomens:

	1. Person Singular	Plural	2. Person Singular	Plural
Nominativ	ich	wir	du	ihr
Akkusativ	mich	uns	dich	euch
Dativ	mir	uns	dir	euch
Genitiv	meiner	unser	deiner	euer

	3. Person Singular männlich	weiblich	sächlich	Plural
Nominativ	er	sie	es	sie
Akkusativ	ihn	sie	es	sie
Dativ	ihm	ihr	ihm	ihnen
Genitiv	seiner	ihrer	seiner	ihrer

Die Genitivformen sind sehr selten: Man gedachte *ihrer.* Wir waren *seiner* überdrüssig. Sie können nicht bei Nomen stehen; an ihrer Stelle verwendet man das Possessivpronomen; → 101.

Das Reflexivpronomen

99 Reflexivpronomen beziehen sich meist auf das Subjekt des jeweiligen Satzes. Eine eigene Form hat nur die 3. Person: *sich.* Die übrigen Formen stimmen mit denen des Personalpronomens überein.

> Der eitle Felix betrachtete sich eingehend im Spiegel.

> Ich habe mir die Sache wieder anders überlegt.

100 Bei einem wechselseitigen Bezug wählt man anstelle des Reflexivpronomens oft das Pronomen *einander,* **reziprokes Pronomen** genannt:

> Sie schrieben *einander* (oder: *sich*) regelmäßig Briefe. Die Kinder versprachen, *einander* nicht mehr zu ärgern. (Hier könnte bloßes *sich* missverstanden werden: Sie versprachen, *sich* nicht mehr zu ärgern. Aber möglich: Sie versprachen, *sich* nicht mehr *gegenseitig* zu ärgern.)

Das Possessivpronomen

101 Zu jedem Personalpronomen gehört ein Possessivpronomen.

1. Person:	ich	→ mein	wir	→ unser
2. Person:	du	→ dein	ihr	→ euer
3. Person:	er	→ sein		
	sie	→ ihr	sie	→ ihr
	es	→ sein		

Das Possessivpronomen drückt nicht nur Besitz, sondern ganz allgemein eine Zugehörigkeit, eine Beziehung aus:

> *mein* Heft (Besitz), *meine* Eltern (familiäre Beziehung),
> *meine* Klasse (Zugehörigkeit), *meine* Wünsche

102 Die Endungen des Possessivpronomens stimmen in Kasus, Numerus und Genus mit dem Nomen überein, vor dem sie stehen:

	Singular			Plural
	männlich	weiblich	sächlich	
Nominativ	mein Stift	meine Feder	mein Heft	meine Ferien
Akkusativ	meinen Stift	meine Feder	mein Heft	meine Ferien
Dativ	meinem Stift	meiner Feder	meinem Heft	meinen Ferien
Genitiv	meines Stifts	meiner Feder	meines Hefts	meiner Ferien

Varianten beim Gebrauch ohne Nomen: Das ist *mein* Heft. → Das ist *meines.* Das ist *meins.* Das ist *das meine.* Das ist *das meinige.*

Das Demonstrativpronomen

103 Die folgenden Pronomen können die Funktion von Demonstrativpronomen haben:

> der, die, das   derselbe, dieselbe, dasselbe
> dieser, diese, dieses   derjenige, diejenige, dasjenige
> jener, jene, jenes   solcher, solche, solches

Mit dem Demonstrativpronomen zeigen wir auf jemanden oder etwas, heben es von anderem ab. Demonstrativpronomen sind aufgrund dieser Aufgabe meist betont. Sie können Begleiter und Stellvertreter sein.

> (Ein Stapel Zeitschriften liegt auf dem Tisch:) Ich nehme *dieses* Heft; nimmst du *das* dort? Nimm *dasjenige*, das dir am meisten bringt! Susi will *dasselbe* Heft wie du. Ich mag *solche* Zeitschriften nicht.

104 Die Formen des Demonstrativpronomens *dieser, diese, dieses:*

	Singular männlich	weiblich	sächlich	Plural
Nominativ	dieser Mann	diese Frau	dieses Kind	diese Leute
Akkusativ	diesen Mann	diese Frau	dieses Kind	diese Leute
Dativ	diesem Mann	dieser Frau	diesem Kind	diesen Leuten
Genitiv	dieses Mannes	dieser Frau	dieses Kindes	dieser Leute

Vor allem im Gebrauch als Stellvertreter gibt es noch eine kurze Nebenform *dies* neben *dieses*. Sonst wird dieses Pronomen als Stellvertreter gleich dekliniert wie als Begleiter. (Zu den vergleichbaren Formen beim starken Adjektiv → 130.)

Hingegen hat das Pronomen *der, die, das* teilweise unterschiedliche Formen für den Gebrauch als Begleiter und Stellvertreter:

	Singular männlich	weiblich	sächlich	Plural
	Begleiter			
Nominativ	der Mann	die Frau	das Kind	die Leute
Akkusativ	den Mann	die Frau	das Kind	die Leute
Dativ	dem Mann	der Frau	dem Kind	den Leuten
Genitiv	des Mannes	der Frau	des Kindes	der Leute
	Stellvertreter			
Nominativ	der	die	das	die
Akkusativ	den	die	das	die
Dativ	dem	der	dem	**denen**
Genitiv	**dessen**	**deren / derer**	**dessen**	**deren / derer**

Die Genitivformen *dessen* und *deren* stehen häufig vor einem Nomen:

> Sabine lud Alexandra und *deren* Freundin (= Alexandras Freundin) auch ein. Der Gesuchte soll sich in Zürich oder *dessen* Umgebung (= in Zürichs Umgebung) aufhalten.

Der bestimmte Artikel

105 Wir setzen das Pronomen *der, die, das* als Begleiter oft vor ein Nomen, auch wenn wir auf das Nomen gar nicht hinweisen wollen, sondern wenn wir es als allgemein bekannt oder als aus dem Kontext genügend bestimmt markieren wollen. In dieser Verwendung nennt man *der, die, das* den bestimmten Artikel (definiten Artikel). Der bestimmte Artikel ist meist nicht betont.

Der Kühlschrank ist schon wieder leer! Ich kenne *die* Forscherin, von der *die* Zeitung berichtet hat. *Das* Wetter ist trotz *den* Erkenntnissen *der* Meteorologen noch immer recht schwer vorhersagbar.

Deklinationsformen: wie in → 104 (Gebrauch als Begleiter).

106 Der Artikel verschmilzt oft mit Präpositionen. Man beachte, dass in diesem Fall kein Apostroph geschrieben wird:

aufs (= auf das) Dach; ins (= in das) Haus; im (= in dem) Haus; beim (= bei dem) Haus, zur (= zu der) Schule

Das Interrogativpronomen

107 Als Interrogativpronomen werden die folgenden Pronomen gebraucht:

wer, was
welcher, welche, welches
was für ein(er), eine, ein(es)

108 Die Kasusformen von *wer, was:*

	Frage nach Personen	Frage nach Sachen
Nominativ	wer	was
Akkusativ	wen	was
Dativ	wem	(was)
Genitiv	wessen	wessen

Mit *wem* kann man nur nach Personen fragen. Für die Frage nach Sachen gibt es keine richtige Dativform; man muss hier zu Umschreibungen greifen:

Welcher Sache schadet das?
(Nur bei der Frage nach Personen: *Wem* schadet das?)

Immerhin findet sich nach Präpositionen die Form *was:*

Mit was habe ich das verdient? *Vor was* hast du Angst?
Dafür auch (→ 145): *Womit* habe ich das verdient? *Wovor* hast du Angst?

Bei der Frageprobe (→ 2) ist zu berücksichtigen, dass man mit dem bloßen *was* nach dem Nominativ, dem Akkusativ und (nach Präpositionen) auch nach dem Dativ fragen kann.

Achtung: Nicht alle Fragewörter sind Pronomen. Wörter wie *wo, wie, warum, wann, wozu, womit* gehören zu den Partikeln (Adverbien; → 145).

109 Interrogativpronomen stehen in erster Linie an der Spitze von Fragesätzen, und zwar von Fragehauptsätzen (→ 228) und Fragenebensätzen (→ 264–266; ferner → 244):

Wen hast du angetroffen? *Was für ein* Buch liest du gerade?
In *welchem* Haus wohnst du?

Mich interessiert, *wen* du angetroffen hast. Sie fragte mich, *was für ein* Buch ich gerade lese.

Daneben können sie auch Ausrufesätze einleiten (→ 229):

Wer hätte das gedacht! *Was für ein* Buch du da wieder liest!
Was für eine Überraschung!

Das Relativpronomen

110 Die folgenden Pronomen können als Relativpronomen gebraucht werden:

der, die, das
welcher, welche, welches
wer, was

Das Relativpronomen *der, die, das* wird wie in → 104 dekliniert (Gebrauch als Stellvertreter), das Relativpronomen *wer, was* wie in → 108.

Relativpronomen leiten besondere Teilsätze ein, die sogenannten Relativsätze (→ 244, 254/255). Sie beziehen sich auf ein Wort oder auf eine Wortgruppe des vorangehenden Teilsatzes, manchmal auch auf den Teilsatz als Ganzes:

Das ist eine Maschine, die etwas aushält.

Das ist das Unerfreulichste, was ich dir zu berichten habe.

Ich habe den Zug verpasst, was mich sehr geärgert hat.

Um Relativpronomen handelt es sich auch in Fällen wie dem folgenden:

Wer andern eine Grube gräbt, fällt selbst hinein.
→ Derjenige, der andern eine Grube gräbt, fällt selbst hinein.

Das bestimmte Zahlpronomen

111 Die Grundzahlen oder Kardinalzahlen geben eine bestimmte Anzahl an, die man in Ziffern schreiben kann. Diejenigen von 0 bis 999 999 ordnen wir den Pronomen zu und bezeichnen sie als bestimmte Zahlpronomen:

> ein Anfänger mit *null* Erfahrung, ein Auto mit nur noch *einem* Scheinwerfer, um *fünf* vor *zwölf* (Uhr), während *zwanzig* Minuten; ein Mann von *neununddreißig* Jahren

Die höheren Grundzahlen wie *Million*, *Milliarde* sind Nomen (genauer Zahlnomen). Ordnungszahlen (*erster, zweiter, dritter* …) und Vervielfältigungszahlen (*einfach, zweifach, dreifach* …) zählen zu den Adjektiven. Zusammensetzungen mit *-mal* (*einmal, zweimal, dreimal* …) sind Partikeln (genauer Adverbien).

Zur Deklination: *eins* wird grundsätzlich wie der unbestimmte Artikel dekliniert (→ 114). Von den übrigen Grundzahlen haben *zwei* und *drei* eine Genitivform auf *-er:*

> die Erlebnisse *zweier (dreier)* Freundinnen

Sonst findet sich im Dativ zuweilen noch die Endung *-en:*

> auf allen *vieren* kriechen

112 Die Grundzahlen zwischen 0 und 999 999 haben teils pronominale, teils adjektivische Züge. Typisch pronominal ist, dass Adjektive nach den starken Formen von *eins* schwach dekliniert werden (→ 129). Typisch pronominal sind auch die Formen von *eins;* sie stimmen mit denen des unbestimmten Artikels und des Possessivpronomens überein. Typisch adjektivisch ist, dass die Grundzahlen zwischen dem bestimmten Artikel und dem Nomen stehen können (→ 6, 116): *die drei Freundinnen, die sieben Zwerge.* Nach dem bestimmten Artikel und dem Possessivpronomen wird sogar *eins* wie ein Adjektiv dekliniert: das *eine* Auge des Piraten, sein *eines* Auge (→ 119).

Es handelt sich demnach um eine Konvention, wenn die einen Grammatiken die Grundzahlen zu den Pronomen rechnen (→ Zahlpronomen), die anderen zu den Adjektiven (→ Zahladjektive) – im Grunde stehen sie zwischendrin. In der Schule sollte die Wortartbestimmung der Grundzahlen tolerant gehandhabt werden.

Viele Sprachbücher haben aus didaktischen Gründen vereinfacht und nicht nur die Grundzahlen (*eins, zwei, drei* …), sondern auch die Ordnungszahlen (*erste, zweite, dritte* …) den Pronomen zugeordnet. Im Unterricht ist hier Toleranz angebracht.

Das Indefinitpronomen

113 Zu den Indefinitpronomen gehört eine ganze Reihe von Pronomen, die etwas Unbestimmtes – häufig eine unbestimmte Anzahl – ausdrücken. Die wichtigsten Indefinitpronomen sind in der Tabelle → 96 zusammengestellt.

> *Man* ärgert sich über so *etwas. Nichts* ärgert *einen* mehr.
> Hab doch *ein bisschen* Geduld! Du hast einfach *keine* Geduld!

Indefinitpronomen und inhaltlich ähnliche Adjektive (Bezeichnung: unbestimmte Zahladjektive) können anhand der Artikelprobe auseinandergehalten werden: Adjektive können zwischen Artikel und Nomen stehen (→ 6, 116), Indefinitpronomen nicht.

    viele Leute → die vielen Leute
    Artikel möglich, also Zahladjektiv.

    manche Leute → die manchen Leute?
    Unmöglich! Also Indefinitpronomen.

Aufgrund der Artikelprobe sind die folgenden unbestimmten Zahlwörter der Wortart Adjektiv zuzuweisen:

viel (mehr, am meisten, die meisten), wenig (weniger, am wenigsten, die wenigsten), andere, verschiedene (verschiedenste), einzelne, einzige, übrige, sonstige, zahlreiche, zahllose, ungezählte, unzählige, weitere

Einige Sprachbücher verzichten aus didaktischen Gründen auf die Artikelprobe und ordnen alle «unbestimmten Zahlwörter» (→ 28) dem Indefinitpronomen zu. Wir möchten dringend empfehlen, bei der Wortartbestimmung an dieser schwierigen Grenzzone zwischen Adjektiv und Pronomen Toleranz walten zu lassen.

Der unbestimmte Artikel

114 Man setzt das Pronomen *ein* nicht nur dann vor ein Nomen, wenn man eine genaue Zahlenangabe machen will, sondern auch, wenn man das Nomen einfach als unbestimmt kennzeichnen will. In dieser Funktion bezeichnen wir *ein* als unbestimmten Artikel (oder indefiniten Artikel).

    Unbestimmter Artikel: ein Mann, eine Frau, ein Kind
    Bestimmter Artikel (→ 105):   der Mann, die Frau, das Kind

Die Formen des unbestimmten Artikels:

	männlich	weiblich	sächlich
Nominativ	ein Tag	eine Nacht	ein Jahr
Akkusativ	einen Tag	eine Nacht	ein Jahr
Dativ	einem Tag	einer Nacht	einem Jahr
Genitiv	eines Tages	einer Nacht	eines Jahres

Im Plural gibt es keinen unbestimmten Artikel. Der unbestimmte Artikel fehlt ferner bei Stoffbezeichnungen:

    Unbestimmt (ohne Artikel):   Pflanzen brauchen Wasser.
    Mit bestimmtem Artikel: *Die* Pflanzen brauchen *das* Wasser.

Der unbestimmte Artikel ist gewöhnlich nicht betont:

    Ich suche *einen* Menschen, dem ich mich anvertrauen kann.
    Der Unfall war für alle *ein* Schock.
    Das Rezept stammt aus *einem* alten Kochbuch.

Das Adjektiv

Überblick

115 Als Adjektive bezeichnen wir Wörter mit den folgenden formalen Eigenschaften:

1. Sie können **dekliniert** werden, und zwar nach **Kasus** (Fall), **Numerus** (Zahl) und **Genus** (Geschlecht). Im Unterschied zum Nomen haben Adjektive kein festes Genus:

Männlich (Maskulinum):	heiß**er** Kaffee
Weiblich (Femininum):	heiß**e** Milch
Sächlich (Neutrum):	heiß**es** Wasser

2. Jedes Adjektiv kann seine Endungen zwei Formenreihen entnehmen, die man **stark** und **schwach** nennt:

Stark:	ein heiß**er** Kaffee
Schwach:	der heiß**e** Kaffee

3. Die meisten Adjektive kennen eine **nichtdeklinierte** Form:

    Der Kaffee ist heiß.

4. Die meisten Adjektive können **Vergleichsformen** bilden, das heißt, sie können **kompariert** (gesteigert) werden:

    der heiße Kaffee – der heißere Kaffee – der heißeste Kaffee
    Der Kaffee ist heiß – heißer – am heißesten.

116 Von den Pronomen einerseits, von den Partikeln andererseits unterscheiden sich die Adjektive nicht nur in der Veränderbarkeit (Flexion), sondern auch darin, dass sie **zwischen Artikel und Nomen** stehen können (→ 119). Im Zweifelsfall kann man dies für eine Probe nutzen (Einsetzprobe, → 6):

> der heiße Kaffee
> der vordere Eingang
> die vielen Vögel

Aber Partikel:

> der Eingang vorn (unmöglich: der vorne Eingang)

Aber Indefinitpronomen:

> manche Vögel (unmöglich: die manchen Vögel)

Adjektivisch gebrauchte Partizipien

117 Adjektivisch gebrauchte Partizipien (→ 43–44) werden wie Adjektive dekliniert und wie Adjektive im Satz verwendet (→ 118–128). Oft besteht zwischen echten Adjektiven und adjektivischen Partizipien keine scharfe Grenze:

> die *gespannten* Seile (Partizip, Bezug zum Verb *spannen* deutlich erkennbar);
> die *gespannte* Atmosphäre (Adjektiv oder Partizip?);
> die *gespannten* Zuschauer (Adjektiv)

> ein die Augen *reizendes* Gas (Partizip, Bezug zum Verb *reizen* noch im Vordergrund);
> ein *reizendes* Kind (Adjektiv, Bezug zum Verb *reizen* nur noch schwach oder gar nicht mehr empfunden)

Die Gebrauchsweisen des Adjektivs

118 Man unterscheidet vier Gebrauchsweisen des Adjektivs. Dies sind:

1. der attributive Gebrauch
2. der nominalisierte Gebrauch
3. der prädikative Gebrauch
4. der adverbiale Gebrauch

Der Gebrauch des Adjektivs ist eigentlich Gegenstand der Satzlehre. Wir behandeln diesen Bereich der Grammatik aber an dieser Stelle, da zwischen Form und Gebrauch der Adjektive enge Zusammenhänge bestehen.

Attributive Adjektive

119 Wenn ein Adjektiv bei einem Nomen steht und dieses näher bestimmt, spricht man von attributivem Gebrauch oder von einem **attributiven Adjektiv.** Gewöhnlich steht das Adjektiv *vor* dem Nomen; wenn das Nomen noch einen Begleiter bei sich hat, steht es **zwischen Begleiter und Nomen.** Attributive Adjektive werden gewöhnlich **dekliniert;** sie stimmen dann in Numerus, Genus und Kasus mit dem Nomen überein (zur Unterscheidung von stark und schwach deklinierten Adjektiven → 129):

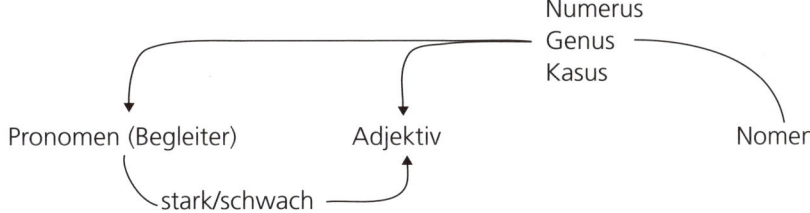

Beispiele:

aus	dies**em**	zäh**en**	Leder
	Singular	Singular	Singular
	sächlich	sächlich	sächlich
	Dativ	Dativ	Dativ
	stark	schwach	
aus		zäh**em**	Leder
		Singular	Singular
		sächlich	sächlich
		Dativ	Dativ
		stark	

Zum attributiven Gebrauch rechnet man auch die folgenden, eher seltenen Gebrauchsweisen:

1. Dem Nomen nachgestellt, nicht dekliniert (fast nur feste Wortverbindungen):

    ein Kaffee fertig, ein Whisky pur, Forelle blau

2. Dem Nomen vorangestellt, aber nicht dekliniert (fast nur feste Wortverbindungen und Zahladjektive):

    auf gut Glück, ein gerüttelt Maß; viel Zeit, wenig Geld

120 Der letzten Beispielgruppe schließen sich einige Wörter an, die zwar wie Adjektive vor ein Nomen (bzw. zwischen Begleiter und Nomen) treten können (Artikelprobe, → 6, 116), aber nicht dekliniert werden:

eine *prima* Unterhaltung, das *lila* Kleid, ein *uni* Stoff; *die Schweizer* Berge, der *Kölner* Dom

Diese Wörter werden ausschließlich wegen ihrer besonderen Gebrauchsweise zu den Adjektiven gestellt, aus syntaktischen Überlegungen also (→ 28). Nach formalen Gesichtspunkten müsste man sie den Partikeln zuordnen. In der Schule ist hier Toleranz zu üben.

121 Man spricht auch dann von attributiven Adjektiven, wenn das Bezugsnomen eingespart worden ist, aber anderswo im Text vorkommt und ohne Weiteres ergänzt werden kann:

Von den *Rechenaufgaben* hast du ja nicht einmal die *einfachsten* gelöst
(= die *einfachsten Rechenaufgaben*).
Ich mag dunkles *Brot* lieber als *weißes* (= als *weißes Brot*).

Nominalisierte Adjektive

122 Von den attributiven Adjektiven mit eingespartem Bezugsnomen (→ 121) sind deklinierte Adjektive zu unterscheiden, bei denen der Text nirgendwo ein Bezugsnomen enthält. Sie kommen dann selbst einem Nomen nahe und werden darum als nominalisierte (substantivierte) Adjektive bezeichnet. Sie werden wie attributive Adjektive dekliniert (→ 129, 130):

Ein *Unbekannter* soll ihm den Brief übergeben haben. Wenn zwei sich streiten, freut sich der *Dritte*. Onkel Alfred hat sich ein *Helles* bestellt. Etwas *Sinnloseres* als diese Arbeit kenne ich nicht. Eva stürzt sich auf alles *Lesbare*. Sie müssen *Schreckliches* erlebt haben! Dieser Makler fischt oft im *Trüben*. Im *Großen* und *Ganzen* bin ich fertig. Die Techniker hatten das Problem des *Langen* und *Breiten* erörtert. Viele Insekten leben im *Verborgenen*.

123 Es gibt aber auch Nominalisierungen, die entweder gar nicht oder allenfalls wie Nomen dekliniert werden und daher auch als eigenständige Nomen betrachtet werden können. Typisch sind Farb- und Sprachbezeichnungen sowie Paarformeln:

Ich finde, *Rot* steht ihr gut. Wenn man *Gelb* und *Rot* mischt, entsteht *Orange*. Die Wirkung dieses *Blau(s)* ist beruhigend. Ihr *Deutsch* hat einen französischen Akzent. Wir unterhielten uns auf *Englisch*. Der Zirkus erfreute *Jung* und *Alt*. Der Abstand zwischen *Arm* und *Reich* vergrößert sich immer mehr.

Bei den genannten Bedeutungsgruppen kommen aber auch nominalisierte Adjektive (mit adjektivischer Deklination) vor, teilweise mit etwas anderer Verwendung:

Ich finde, *Rotes* steht ihr gut. Wir wohnen im *Grünen*. Das *Deutsche* hat vier Kasus. Der Zirkus erfreute *Junge* und *Alte*.

Prädikative Adjektive

124 Prädikative Adjektive stehen für sich und beziehen sich auf das Subjekt oder ein Objekt. Sie werden nicht dekliniert.

1. Bezug auf das Subjekt (besonders häufig: bei *sein, werden, bleiben;* vgl. die ersten zwei Beispiele):

2. Bezug auf ein Objekt (hier jeweils auf ein Akkusativobjekt):

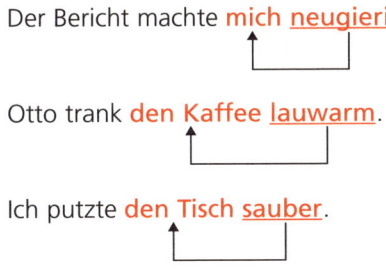

Adverbial gebrauchte Adjektive

125 Adverbiale Adjektive beziehen sich auf ein **Verb**, eine **Partikel** oder ein anderes **Adjektiv**. Sie sind in diesem Gebrauch nicht dekliniert:

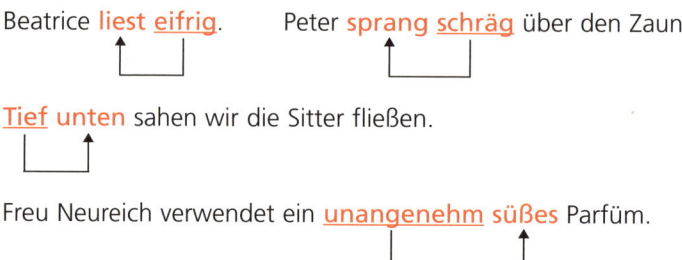

Beatrice liest eifrig.   Peter sprang schräg über den Zaun.

Tief unten sahen wir die Sitter fließen.

Freu Neureich verwendet ein unangenehm süßes Parfüm.

Auch der Bezug auf den ganzen Satz ist möglich:

Annemarie liegt jetzt sicher am Strand.

126 Da prädikativer und adverbialer Gebrauch des Adjektivs im Deutschen formal nicht voneinander abgehoben sind, kann man oft nicht entscheiden, was vorliegt, so etwa im folgenden Beispiel:

Er liest *ruhig* seine Zeitung. → Ist *ruhig* auf *er* oder auf *liest* zu beziehen?

Er liebt den Kaffee *heiß*. → Handelt es sich um eine heiße Liebe zum Kaffee, oder mag er es, wenn der Kaffee heiß ist?

127 In den romanischen Sprachen und im Englischen können Adjektive nur mit Einschränkungen, im Latein überhaupt nicht adverbial gebraucht werden. Statt dessen verwenden diese Sprachen von den entsprechenden Adjektiven abgeleitete Adverbien mit typischen Suffixen (franz. *-ment*, engl. *-ly*, lat. *-e*, *-ter* u.a.); eine Technik, die auch das Deutsche manchmal anwendet (zum Beispiel mit den Suffixen *-s*, *-weise*). Im folgenden vereinfachenden Schema werden der Sprachgebrauch des Deutschen und des Französischen einander gegenübergestellt:

	Deutsch	Französisch
	Adjektiv	**Adjektiv**
attributiv	eine genaue Darstellung mit lauter Stimme das alte Schloss das langsame Auto die glücklichen Eltern das harte Leben eine andere Idee	une présentation exacte à haute voix le vieux château la voiture lente les parents heureux la vie dure une autre idée
nominalisiert	der Alte etwas Neues nichts Genaues	le vieux quelque chose de nouveau rien d'exact
prädikativ	Die Darstellung ist genau. Die Stimme ist laut. Das Schloss ist alt. Das Leben ist hart. Das macht die Eltern glücklich.	La présentation est exacte. La voix est haute. Le château est vieux. La vie est dure. Cela rend les parents heureux.
adverbial	(1) Er arbeitet hart. Sie spricht laut.	(1) Il travaille dur. Elle parle haut.
	(2) Er kommt gewiss. Sie zeichnet genau. Das Auto fährt langsam.	(2) Il vient certainement. Elle dessine exactement. La voiture va lentement.
	(3) Er arbeitet anders. Das gefällt mir besonders. Glücklicherweise ist sie da.	(3) Il travaille autrement. Cela me plaît particulièrement. Heureusement, elle est là.
	Adverb	**Adverb**

Zum adverbialen Gebrauch: Die mittlere Beziehung (2) kommt am häufigsten vor: Einem adverbialen Adjektiv im Deutschen entspricht ein Adverb im Französischen. Beziehung (1) – beide Sprachen verwenden ein endungsloses adverbiales Adjektiv – kommt selten vor, weil das Französische solche Adjektive fast nur in festen Wortverbindungen kennt. Beziehung (3) ist selten, weil das Deutsche nur unter besonderen Bedingungen Adverbien von Adjektiven ableitet (etwa für Adverbien, die sich auf den ganzen Satz beziehen; vgl. das Beispiel *glücklich → glücklicherweise* in (3) sowie → 144).

Wenn adverbial gebrauchte Wörter unterschiedslos als «Adverbien» bezeichnet werden (wie dies die traditionelle Schulgrammatik gemacht hat; → 27), wird ein wichtiger formaler Unterschied zwischen dem Deutschen und dem Französischen verwischt. Den Schülern wird damit kein guter Dienst geleistet. Entsprechendes gilt auch für den Unterschied Deutsch–Englisch und Deutsch–Latein.

Beschränkungen im Gebrauch der Adjektive

128 Der attributive Gebrauch kommt bei sämtlichen Adjektiven vor. Beim prädikativen und beim adverbialen Gebrauch bestehen dagegen oft Beschränkungen, meist aufgrund der Bedeutung der jeweiligen Adjektive. Wir geben für alle vorkommenden Kombinationen im Gebrauch je ein Beispiel:

Nur attributiver Gebrauch:

>   der *vordere* Eingang

Nur attributiver und prädikativer Gebrauch:

>   eine *mögliche* Entwicklung
>   Diese Entwicklung ist *möglich*.

Nur attributiver und adverbialer Gebrauch:

>   unser *tägliches* Brot
>   Diese Zeitung erscheint *täglich*.

Attributiver, prädikativer und adverbialer Gebrauch:

>   eine *gute* Idee
>   Diese Idee ist *gut*.
>   Diese Idee lässt sich *gut* verwirklichen.

Wenn sich ein Wort nur prädikativ oder adverbial, nicht aber attributiv verwenden lässt, liegt kein Adjektiv, sondern eine Partikel (ein Adverb) vor:

>   Seine Mühen waren *umsonst*.
>   Sie hat sich *umsonst* bemüht.

Einige Grammatiken ordnen Wörter, die hauptsächlich oder nur prädikativ verwendet werden, ebenfalls der Wortart Adjektiv zu, zum Beispiel: Das ist *schade*. Jetzt sind wir *quitt*. Die beiden sind einander *zugetan*. Sie wurde bei der Chefin *vorstellig*. – In der Schule wird man hier Toleranz walten lassen.

Die Deklination des Adjektivs

129 Bei jedem Adjektiv stehen zwei Reihen von Endungen zur Verfügung, die man **stark** und **schwach** nennt.

Die **schwachen** Endungen stehen, wenn ein Pronomen mit deutlichen, das heißt **starken** Endungen vorangeht (→ 94, 104).

Wenn ein endungsloses Pronomen oder gar kein Pronomen vorangeht, hat das Adjektiv selbst **starke** Endungen.

Pronomen		Adjektiv
stark	→	schwach
null	→	stark

In den folgenden Beispielen sind die blau hinterlegten Endungen schwach, die rot hinterlegten stark:

(Präposition)	Pronomen	Adjektiv	Nomen
		heißer	Kaffee
	der	heiße	Kaffee
	dieser	heiße	Kaffee
	ein	heißer	Kaffee
	einem	heißen	Kaffee
mit		heißem	Kaffee
zu			
zu…	…m	heißen	Kaffee

130 Die starken Endungen gleichen den Endungen der Pronomen (vgl. *dieser;* → 104):

| | Singular | | |
	männlich	weiblich	sächlich
Nominativ	frischer Käse	frische Milch	frisches Brot
Akkusativ	frischen Käse	frische Milch	frisches Brot
Dativ	frischem Käse	frischer Milch	frischem Brot
Genitiv	frischen Käses	frischer Milch	frischen Brotes

	Plural
Nominativ	frische Sachen
Akkusativ	frische Sachen
Dativ	frischen Sachen
Genitiv	frischer Sachen

Als schwache Endungen kommen nur *-e* und *-en* vor:

| | Singular | | |
	männlich	weiblich	sächlich
Nominativ	der frische Käse	die frische Milch	das frische Brot
Akkusativ	den frischen Käse	die frische Milch	das frische Brot
Dativ	dem frischen Käse	der frischen Milch	dem frischen Brot
Genitiv	des frischen Käses	der frischen Milch	des frischen Brotes

	Plural
Nominativ	die frischen Sachen
Akkusativ	die frischen Sachen
Dativ	den frischen Sachen
Genitiv	der frischen Sachen

Die Komparation des Adjektivs

131 Adjektive können kompariert (gesteigert) werden, das heißt besondere **Komparationsformen** bilden. Man spricht hier auch von Vergleichsformen oder Steigerungsformen. Der **Positiv** bildet die Ausgangsform beim Vergleichen. Der **Komparativ** mit der Endung -er drückt ein Mehr aus, der **Superlativ** mit der Endung -st etwas nicht Überbietbares:

(Es gibt drei Wege auf den Berggipfel:)
Positiv: Dieser Weg ist *steil*. Er ist so *steil* wie jener.
Komparativ: Der dritte Weg ist *steiler* als die beiden andern.
Superlativ: Er ist der *steilste* von allen.

Man beachte die vergleichenden Konjunktionen: Beim Positiv steht *wie*, beim Komparativ *als*.

132 Manchmal bezieht sich der Komparativ eines Adjektivs nicht auf den zugehörigen Positiv, sondern auf den Positiv des Gegenbegriffs:

Ein *längeres* Gespräch meint oft nicht ein Gespräch, das länger als ein langes Gespräch ist, sondern eines, das länger als ein kurzes ist. Ähnlich: eine *größere* Anschaffung, ein *jüngerer* Mann.

Bei gewissen Adjektiven verhindert deren Sinn die Bildung von Vergleichsformen; viele davon sind Zusammensetzungen:

tot, einzig, doppelt, maximal, optimal
uralt, jahrelang, fingerdünn, steinreich

133 Komparativ und Superlativ werden bei manchen einsilbigen Adjektiven mit Umlaut (Wechsel *a, o, u, au → ä, ö, ü, äu*) gebildet.

	Positiv	Komparativ	Superlativ
Ohne Umlaut	schlau	schlauer	am schlau(e)sten
	hohl	hohler	am hohlsten
	plump	plumper	am plumpsten
Mit Umlaut	scharf	schärfer	am schärfsten
	grob	gröber	am gröbsten
	kurz	kürzer	am kürzesten
Mit oder ohne Umlaut	blass	blässer	am blässesten
		blasser	am blassesten
	fromm	frömmer	am frömmsten
		frommer	am frommsten
Mit stärkeren Unregelmäßigkeiten	gut	besser	am besten
	viel	mehr	am meisten
	nah	näher	am nächsten
	hoch	höher	am höchsten
	groß	größer	am größten

Die Partikel

Überblick

134 Partikeln sind Wörter, die weder dekliniert noch konjugiert werden können. Nach ihrem Gebrauch im Satz lassen sich die folgenden Unterarten unterscheiden:

1. Die **Präpositionen** bestimmen den Kasus der Wörter und Wortgruppen, bei denen sie stehen.
2. Die **beiordnenden Konjunktionen** verbinden gleichrangige Einheiten miteinander: Wörter, Wortgruppen, Teilsätze oder ganze Sätze.
3. Die **unterordnenden Konjunktionen** leiten eine besondere Art Nebensätze ein, die Konjunktionalsätze (Konjunktionalnebensätze).
4. Die **Interjektionen** stehen außerhalb des ausgebildeten Satzes.
5. Die **Adverbien** umfassen den Rest der Partikeln, also alle unveränderbaren Wörter, die sich nicht einer der vorangehend beschriebenen Unterarten zuordnen lassen.

Die vorliegende Grammatik folgt im Gebrauch des Fachausdruckes «Partikel» der Tradition von Glinz und der schweizerischen Sprachbücher. Manche Grammatiken, darunter die Duden-Grammatik, kennen allerdings noch einen anderen Gebrauch: Dort werden nur solche Wörter den Adverbien zugeordnet, die allein am Satzanfang stehen können, also allein ein Satzglied bilden können. Die übrigen, in unserer Grammatik ebenfalls bei den Adverbien eingeordneten Wörter werden als «Partikeln» klassifiziert. Die «Partikeln» decken dort also nur eine Unterart der Adverbien im Sinne der vorliegenden Grammatik ab. Damit besteht das Problem, dass in den einen Grammatiken «Partikel» ein Oberbegriff für alle nichtflektierbaren Wörter ist, in den anderen hingegen ein Unterbegriff. Als Oberbegriff verwendet die Duden-Grammatik übrigens den Verlegenheitsausdruck «nicht flektierbare Wortarten».

135 Viele Partikeln können mehr als nur *eine* Funktion im Satz erfüllen. Die unterschiedlichen Gebrauchsweisen der Partikel *zu* können dies anschaulich machen:

Präposition (vorangestellt, seltener nachgestellt oder umklammernd):
Wir führen Sie *zu* Ihrem Zimmer. Dem Ende *zu* wurde lebhaft diskutiert. *Nach* den Bergen *zu* wurde der Schnee immer höher.

Adverb: Das Radio läuft *zu* laut (wie: *allzu* laut, *sehr* laut, *ziemlich* laut …).

Darüber hinaus tritt *zu* auch in Verbindung mit Verbformen auf:

Verbzusatz (→ 46): Er schlug wütend die Tür *zu* (Infinitiv: zuschlagen).
Partikel *zu* beim Infinitiv (→ 42): Dieser Vorschlag ist *zu* prüfen.

Die Präposition

136 Präpositionen stehen nie selbstständig im Satz, von ihnen hängt vielmehr immer eine Wortgruppe ab. Präposition und abhängige Wortgruppe bilden zusammen eine **Präpositionalgruppe** (→ 178):

> Präpositionalgruppe = Präposition + abhängige Wortgruppe

Wenn es sich bei der abhängigen Wortgruppe um eine Nominalgruppe (mit einem Nomen oder einem Pronomen) handelt, bestimmt die Präposition deren **Kasus**.

> Präposition mit dem Akkusativ: Wir sammeln für einen guten Zweck.
> Präposition mit dem Dativ: Sie sah aus dem Fenster.
> Präposition mit dem Genitiv: Es geschah während des Tages.

Von manchen Präpositionen können auch Adjektiv und Adverbgruppen abhängen:

> Präposition mit Adjektivgruppe: Der Arzt hielt mich für kerngesund.
> Präposition mit Adverbgruppe: Das stammt von ganz weit hinten.

Inhaltlich ordnen die Präpositionen die von ihnen abhängigen Wörter auf unterschiedliche Weise in den Sinnzusammenhang des Satzes ein.

137 Präpositionen stehen meist – wie auch in den vorangehenden Beispielen – *vor* der abhängigen Wortgruppe:

> für ihre Eltern

Es gibt aber auch Präpositionen, die ihrer Wortgruppe folgen:

> ihren Eltern zuliebe
> besonderer Umstände halber

Schwankend:

> eines Verkehrsunfalls wegen
> wegen eines Verkehrsunfalls

Und es gibt sogar umklammernde Präpositionen:

> von Anfang an
> um unserer gemeinsamen Zukunft willen

138 Die Präpositionen lassen sich nach dem Kasus ordnen, den sie verlangen. Die folgende Zusammenstellung führt nur die häufigeren Präpositionen auf:

1. Präpositionen mit dem **Akkusativ:**

   durch, für, gegen, ohne, um

2. Präpositionen mit dem **Dativ:**

   ab, aus, außer, bei, entgegen, gegenüber, gemäß, mit, nach, samt, seit, von, zu, zuleide, zuliebe

3. Bei neun besonders häufigen Präpositionen wechselt der Kasus mit der Bedeutung; man spricht hier auch von «Wechselpräpositionen». Und zwar steht der **Akkusativ** auf die Frage «Wohin?» (Angabe der Richtung, des Ziels), der **Dativ** auf die Frage «Wo?» (Angabe der Lage):

>an, auf, hinter, in, neben, über, unter, vor, zwischen
>
>Die Taube fliegt *auf das Dach* (Richtung, also Akkusativ).
>Die Taube sitzt *auf dem Dach* (Lage, also Dativ).

4. Präpositionen mit dem **Genitiv** (siehe auch → 139):

>abseits (von), abzüglich, angesichts, anhand (von), anlässlich, anstatt, anstelle / an Stelle (von), aufgrund / auf Grund (von), außerhalb (von), bezüglich, dank (auch mit Dativ), diesseits (von), einschließlich, halber (nachgestellt), hinsichtlich, infolge (von), inmitten (von), innerhalb (von), innert, jenseits (von), kraft, links (von), mangels, mittels, namens, nördlich (von), oberhalb (von), östlich (von), rechts (von), seitens, seitlich (von), statt, südlich (von), trotz (auch mit Dativ), um ... willen, ungeachtet, unterhalb (von), unweit (von), voll, voller, während, wegen, westlich (von), zeit (zeit seines Lebens), zwecks

139 Zu den Präpositionen mit dem Genitiv: Wenn dem Nomen weder ein Begleiter noch ein Adjektiv mit **Kasusendungen** vorangeht, wird der Genitiv im Plural immer, im Singular meistens **ersetzt**, und zwar durch den bloßen Dativ oder durch *von* + Dativ (wo diese Variante gewählt wird, ist in der oben stehenden Zusammenstellung *von* in Klammern angegeben).

>Mit Genitiv: wegen des Schneefalls, wegen starken Schneefalls
>Mit Dativ: wegen Schneefall (hier auch mit Genitiv: wegen Schneefalls)
>
>Mit Genitiv: während vieler Monate
>Mit Dativ: während Monaten
>
>Mit Genitiv: außerhalb größerer Städte
>Mit von + Dativ: außerhalb von Städten

Der Dativ setzt sich gegenüber dem Genitiv auch außerhalb des Bereichs, der durch die oben stehende Regel abgedeckt ist, immer mehr durch, zum Beispiel: *wegen starkem Schneefall, während vielen Monaten, außerhalb von größeren Städten*. Wir empfehlen, hier Toleranz walten zu lassen.

Die beiordnende Konjunktion

140 Beiordnende Konjunktionen verbinden **Gleichrangiges:** Einzelwörter, Wortgruppen, Teilsätze und Sätze.

Anreihend oder ausschließend:

> und, auch, wie (= und), sowie, sowohl … als auch, weder … noch
> oder, entweder … oder, beziehungsweise

Entgegenstellend oder ersetzend:

> aber, zwar … aber, sondern, doch, jedoch
> außer, statt, anstatt

Begründend:

> denn, nämlich

Vergleichend:

> als, wie

Die beiordnenden Konjunktionen *als* und *wie* verbinden sich ähnlich wie Präpositionen (→ 136) mit einer abhängigen Wortgruppe zu einer **Konjunktionalgruppe:**

> Konjunktionalgruppe = Konjunktion + abhängige Wortgruppe

Anders als die Präposition bei der Präpositionalgruppe bestimmt die Konjunktion bei abhängigen Nominalgruppen aber nicht deren Kasus; dieser wird vielmehr vom Satzglied übernommen, auf das sich die Konjunktionalgruppe bezieht (in den folgenden Beispielen kursiv gesetzt; vgl. hierzu auch → 181):

> Als scharfe Denkerin erkannte *sie* den Widerspruch sofort.
> Wie den meisten Gästen fiel *dem Pärchen* die schlechte Luft unangenehm auf.

Konjunktionalgruppe mit Adjektiv- oder Adverbgruppe:

> *Er* torkelte wie betrunken über die Straße.
> Der Salto gelang Jana *jetzt* besser als vorhin.

Die unterordnende Konjunktion (Subjunktion)

141 Unterordnende Konjunktionen, auch Subjunktionen genannt, leiten eine bestimmte Art **Nebensätze** ein, die sogenannten Konjunktionalsätze (Konjunktionalnebensätze) (→ 243):

als, als ob, anstatt dass, außer (dass, wenn), bevor, bis, da, damit, dass, ehe, falls, indem, je, nachdem, ob, obgleich, obschon, obwohl, ohne dass, seit, seitdem, so dass (sodass), sobald, sofern, solange, sooft, soviel, soweit, statt dass, während, weil, wenn, wie

Beispiele:

Wir bleiben hier, *weil* es regnet. Wir bleiben hier, *solange* es regnet.
Es freut uns, *dass* ihr mitkommt. Es freut uns, *wenn* ihr mitkommt.

142 Die folgenden unterordnenden Konjunktionen stehen bei Infinitivgruppen (→ 248):

als, außer, anstatt, ohne, statt, um

Beispiele:

Sie kletterte auf das Dach, *um* den Ball zu holen.
Ohne den Startschuss abzuwarten, rannte er los.
Sie hatte nichts anderes vor, *als* die ganze Woche an der Sonne zu liegen.

Die Interjektion

143 Partikeln, die normalerweise außerhalb von ausgebauten Sätzen stehen und eigene **satzwertige Fügungen** bilden (→ 238), nennt man Interjektionen.

Wichtig für die zwischenmenschliche Kommunikation sind:
Ja! Nein! Doch! Danke! Bitte!

Interjektionen bei Anruf, Gruß und Abschied:
Hallo! He! Adieu! Tschau!

Interjektionen als Ausdruck von Empfindungen:
Au! Hahaha! Pfui! O weh! Ätsch!

Geräuschnachahmungen:
Miau! Quak! Knacks! Bim, bam! Blabla!

Das Adverb

Allgemeines

144 Alle Partikeln, die sich nicht einer der vorangehend beschriebenen Unterarten zuordnen lassen, teilen wir der **Restgruppe** der Adverbien zu. Sie können sich auf ein **Verb,** ein **Adjektiv** oder eine **Partikel** beziehen:

Anna lag bäuchlings auf dem Boden.

Das Buch war sehr dick.

Das Versteck befand sich mitten im Wald.

Auch der Bezug auf den ganzen Satz ist möglich:

Annemarie hatte sinnvollerweise eine Sicherheitskopie erstellt.
Die Läden waren leider schon geschlossen.
Vielleicht weiß Joachim mehr.

Adverbien könnten nach inhaltlichen Gesichtspunkten weiter in Unter-Unterarten eingeteilt werden; im Rahmen dieser Grammatik soll darauf verzichtet werden. Stattdessen sollen die folgenden Beispiele die Spannweite dieser Restklasse der Partikeln aufzeigen:

Der Eingang befindet sich *vorne links.* Es treibt ihn *überall* herum; er fühlt sich *nirgends wohl.* Wir gehen *heute* Abend aus. Sie musste *dreimal* herzlich niesen. Die Konkurrenz hat sich *umsonst* um den Auftrag bemüht. Sie erhalten *dazu gratis* einen formschönen Kugelschreiber! Er konnte *krankheitshalber fast nicht* reden. Ich gebe dir *noch* drei bis vier Minuten Zeit! *Fast* die Hälfte der Vorräte, *nämlich über* 45 Prozent, war verdorben. *Damit* wird Jürg *kaum* gerechnet haben. *Vielleicht* hat Rita sich *nur* verspätet. Habt ihr das *etwa* vergessen? Das weiß *ja mittlerweile* jeder! Und *drittens* habe ich *sowieso* Recht! *Allerdings* dauert es *wohl noch* ein Weilchen. Ihre fünf Katzen hatten die Möbel *bald zugrunde* gerichtet; jetzt müssen sie *wieder instand* gestellt werden. Dieses Paket ist mir *zu* schwer. Es ist *allzu* schwer.

Pronominaladverbien

145 Eine besondere Gruppe von Adverbien muss immerhin erwähnt werden, die sogenannten Pronominaladverbien. Sie stehen funktional bestimmten **Pronomen** nahe, können aber im Unterschied zu diesen **nicht dekliniert** werden (weisen also keinen Kasus auf).

Die w-Pronominaladverbien werden wie das Pronomen *was* interrogativ und relativ gebraucht (→ 107, 110):

wo, woher, wann, wie, warum, worauf, womit, wodurch, woran …

Worauf (= Auf was) kann ich mich verlassen?
Ich frage mich, *worauf (= auf was)* ich mich verlassen kann.
Dies ist das Einzige, *worauf* ich mich verlassen kann.
Worauf du dich verlassen kannst!

Die d-Pronominaladverbien haben hinweisenden Charakter, sind also mit den Demonstrativpronomen (→ 103) vergleichbar:

da, daher, dann, darum, darauf, damit, dadurch, daran …
Du kannst dich *darauf (= auf das)* verlassen.

146 Manche Grammatiken führen rigide Vorschriften an, wann die Pronominaladverbien und wann Präpositionalgruppen aus Präposition und Pronomen zu verwenden sind. Wir finden, dass hier Toleranz angebracht ist.

Bei den Adverbien mit pronominaler Funktion herrscht leider ein terminologisches Durcheinander. Manche Grammatiken nennen zum Beispiel nur diejenigen, die mit einer Präposition zusammengesetzt sind (also *worauf, darauf* usw.), Pronominaladverbien. Die Duden-Grammatik von 2005 bezeichnet daher zur Vermeidung von Missverständnissen die Pronominaladverbien insgesamt neutral als Pro-Adverbien und greift die mit Präpositionen zusammengesetzten als Präpositionaladverbien heraus.

Die Komparation von Adverbien

147 Partikeln können weder dekliniert noch konjugiert werden. Eine kleine Anzahl von Adverbien kann immerhin Vergleichsformen bilden. Bei einigen kommen auch Ersatzformen von Adjektiven vor. In der folgenden Liste sind die häufigsten Adverbien dieser Art zusammengestellt:

Positiv	Komparativ	Superlativ
oft	öfter / mehr	am öftesten / am meisten
sehr	mehr	am meisten
gern	lieber	am liebsten
wohl	wohler	am wohlsten
bald	eher / früher	am ehesten / am frühesten

Wortbildung

148 Der Wortschatz unserer Sprache ändert sich ständig: Alte Wörter verschwinden, neue kommen hinzu. Wenn die neuen Wörter nicht aus einer fremden Sprache übernommen werden, werden sie normalerweise aus schon vorhandenen Wörtern gebildet. Wie das geschieht, untersucht die Grammatik unter dem Titel «Wortbildung».

Von den Verfahren der Wortbildung sind drei besonders wichtig:

1. die Wortbildung durch Zusammensetzung
2. die Wortbildung durch Ableitung
3. die Bildung von Kurzwörtern

Zusammensetzungen

149 Von Wortbildung durch Zusammensetzung oder Komposition spricht man, wo (mindestens) zwei Wörter so aneinandergefügt werden, dass sie eine neue Einheit bilden. Dabei gibt in der Regel das erste Glied eine nähere Bestimmung oder Beschreibung des zweiten, es wird **Bestimmungswort** genannt. Das zweite Glied ist das sogenannte **Grundwort**:

>   Zusammensetzung = Bestimmungswort + Grundwort

Das Grundwort ist für die grammatischen Eigenschaften der Zusammensetzung maßgebend (Wortart, Genus usw.):

>   der Kaffee + die Tasse → die Kaffeetasse

Weitere Beispiele für Zusammensetzungen mit einem Nomen als Grundwort:

Wald + Rand	→ Waldrand (= der Rand des Waldes)
Wand + Kasten	→ Wandkasten (= ein Kasten in der Wand)
Foto + Album	→ Fotoalbum (= ein Album für Fotos)
Hose + Rock	→ Hosenrock (= ein Rock, der zugleich eine Hose ist)
Schwein + Schnitzel	→ Schweineschnitzel (= ein Schnitzel vom Schwein)
Jäger + Schnitzel	→ Jägerschnitzel (= ein Schnitzel nach Jägerart)
Fisch + Essen	→ Fischessen (= ein Essen, bei dem man Fisch isst)
Abend + Essen	→ Abendessen (= das Essen am Abend)
Fehler + Suche	→ Fehlersuche (= die Suche nach Fehlern)
schnell + Zug	→ Schnellzug (= ein schneller Zug)
alt + Eisen	→ Alteisen (= altes Eisen)
roh + Bau	→ Rohbau (= ein Bau im rohen Zustand)
baden + Zimmer	→ Badezimmer (= das Zimmer, in dem man badet)
drucken + Maschine	→ Druckmaschine (= die Maschine, mit der man druckt)
neben + Erwerb	→ Nebenerwerb (= Erwerb neben dem Haupterwerb)

Zusammensetzungen mit einem Adjektiv als Grundwort:

Stein + hart	→ steinhart (= hart wie ein Stein)
Sprung + bereit	→ sprungbereit (= bereit zum Sprung)
braun + grün	→ braungrün (= grün mit brauner Beimischung)
über + voll	→ übervoll (= über alle Maßen voll)

Zusammensetzungen mit einem Verb als Grundwort sind teils fest, teils unfest (→ 46):

unter + suchen	→ unter<u>suchen</u> (ich unter<u>suche</u> das)
aus + suchen	→ <u>aus</u>suchen (ich <u>suche</u> mir das <u>aus</u>)
voll + bringen	→ voll<u>bringen</u> (sie voll<u>brachte</u> ein Wunder)
voll + stopfen	→ <u>voll</u>stopfen (er <u>stopfte</u> den Koffer <u>voll</u>)

150 Es gibt auch Zusammensetzungen mit mehr als zwei Gliedern:

tief + Druck + Gebiet	→ Tiefdruckgebiet
drei + Zimmer + Wohnung	→ Dreizimmerwohnung
Kosten + Nutzen + Rechnung	→ Kosten-Nutzen-Rechnung

151 Oft bestehen Zusammensetzungen aus Wörtern, die ihrerseits Zusammensetzungen sind. So können im Deutschen wahre Schlangenwörter gebildet werden:

| hoch + Schule | → Hochschule |
| Volk + Hochschule | → Volkshochschule |

| Leben + Mittel | → Lebensmittel |
| Lebensmittel + Laden | → Lebensmittelladen |

braun + Kohle	→ Braunkohle
Berg + Werk	→ Bergwerk
Braunkohle + Bergwerk	→ Braunkohlenbergwerk

152 Viele Zusammensetzungen haben sich inhaltlich verselbstständigt. Das heißt, dass man von der Bedeutung der einzelnen Glieder nicht mehr auf die Gesamtbedeutung der Zusammensetzung schließen kann. So ist ein *Buchhalter* nicht zu verstehen als einer, der ein Buch hält; mit einem *Feldstecher* sticht man nicht auf einem Feld herum; und ein *Trinkgeld* gibt man nicht mehr nur, damit der andere etwas zu trinken kaufen kann.

Ableitungen

153 Neue Wörter können auch gebildet werden, indem man sich ähnlicher Mittel bedient wie in der Flexion. Man spricht hier von Wortbildung durch Ableitung oder Derivation.

Ableitungssuffixe treten an das Ende eines Wortes, **Präfixe** an den Anfang:

drehen	→ Dreh**ung**, dreh**bar**
Herz	→ Herz**chen**, herz**lich**
Schüler	→ Schüler**in**
sanft	→ **un**sanft
alt	→ **ur**alt
stellen	→ **be**stellen, **er**stellen, **ver**stellen

Als weiteres Mittel kennt das Deutsche auch in der Wortbildung die **innere Abwandlung,** das heißt Änderungen im Wortinnern (Ablaut, Umlaut; → 23). Meist kommen diese Mittel allerdings nicht allein zum Zug, sondern in Verbindung mit Präfixen und Suffixen:

Baum	→ B**äu**m**chen**
kurz	→ k**ü**rz**lich**
sanft	→ **be**s**ä**nft**igen**
tanzen	→ t**ä**nz**eln**
brechen	→ Br**u**ch
sprechen	→ Spr**a**che

Manchmal wird die Wortbildung (abgesehen von allenfalls vorhandenen Flexionsendungen, zum Beispiel Infinitivendung -en) formal nicht sichtbar:

schlagen	→ der Schlag
stauen	→ der Stau
das Zelt	→ zelten

Wie schon an den vorangehenden Beispielen deutlich geworden ist, ändert sich in der Wortbildung häufig die Wortart. So macht das Suffix -*ung* aus Verben Nomen:

meinen → Meinung, ändern → Änderung, bestellen → Bestellung, liefern → Lieferung, behaupten → Behauptung

154 Die **Ableitung** ist von der **Flexion** zu trennen. Die Flexionsformen zeigen die Rolle eines Wortes im Satz (→ 18); es handelt sich jeweils um verschiedene Formen ein und desselben Wortes. Mit der Ableitung werden hingegen neue, eigenständige Wörter gebildet:

Flexion: der Freund → des Freundes, die Freunde
Ableitung: der Freund → die Freundin, die Freundschaft, freundlich, befreunden

155 Von abgeleiteten Wörtern können wieder neue Ableitungen gebildet werden:

    achten + -sam   → achtsam
    un- + achtsam   → unachtsam
    unachtsam + -keit   → Unachtsamkeit

156 Die sprachlichen Mittel von Ableitung und Zusammensetzung werden oft miteinander kombiniert:

    tausend + Fuß + -ler   → Tausendfüßler
    blau + Auge + -ig   → blauäugig
    fern + sehen + -er   → Fernseher

Kurzwörter

157 Praktisch das Gegenstück zur Ableitung (→ 153) ist die Bildung von Kurzwörtern: es wird nicht etwas hinzugefügt, sondern etwas weggenommen. Kurzwörter entstehen auf unterschiedlichste Weise. Ihr Nutzen liegt darin, dass mit ihnen handliche Ausdrücke für Produkte und Erscheinungen der heutigen Zeit geschaffen werden. Einige typische Beispiele:

Kurzwörter (oder entsprechende Wortteile), die wie gewöhnliche Wörter ausgesprochen werden, sogenannte **Kürzel**:

    Automobil → Auto
    Kriminalroman → Krimi
    Kilogramm → Kilo
    Laboratorium → Labor
    Omnibus → Bus
    Motorfahrrad → Mofa
    Bundesvorstand → BuVo
    pornografisches Heft → Pornoheft
    Reduktions-Oxidations-Prozess → Redoxprozess
    Mutter-Kind-Turnen → Muki-Turnen

Kurzwörter (oder entsprechende Wortteile), bei denen jeder Buchstabe einzeln mit seinem Namen genannt (buchstabiert) wird; man bezeichnet sie als **Initial-** oder **Buchstabenwörter:**

    Elektrokardiogramm → EKG (gelesen: E-Ka-Ge)
    Personenkraftwagen → Pkw
    Internationales Komitee vom Roten Kreuz → IKRK
    Stadt-Bahn → S-Bahn (gelesen: Es-Bahn)

Kurzwörter dürfen nicht mit **Abkürzungen** verwechselt werden. Abkürzen ist nur eine Schreiberleichterung. Der Leser pflegt bei Abkürzungen jeweils im Kopf die volle Form des betreffenden Wortes wiederherzustellen, und beim lauten Lesen spricht er sie auch als Vollform aus – dies im Unterschied zu den Kurzwörtern.

Vollform im Kopf des Schreibers	Abkürzung auf dem Papier	Vollform im Kopf des Lesers
und so weiter	→ usw.	→ und so weiter
beziehungsweise	→ bzw.	→ beziehungsweise
unter Umständen	→ u.U.	→ unter Umständen
Kilometer	→ km	→ Kilometer

Satzlehre (Syntax)

Satzlehre (Syntax)

Der Satz

158 Gegenstand der Satzlehre sind Sätze. Damit stellt sich gleich eine erste Frage: Was versteht man unter einem **Satz**? Eine Antwort lässt sich nicht ohne Weiteres geben. Das Problem ist, dass hinter der Bezeichnung «Satz» nicht ein einzelner Begriff, sondern eine ganze Familie sich überschneidender Begriffe steht. Nachfolgend werden zwei sich ergänzende Konzepte des Satzes kurz vorgestellt.

Das erste Konzept geht davon aus, dass Sätze eine innere Struktur haben, das heißt mehr als Aneinanderreihungen von Wörtern sind. Diese Struktur ist vor allem vom Verb bestimmt, wie am folgenden Beispiel deutlich werden soll:

> Anna *fragte* den Einheimischen sicherheitshalber nach dem direkten Weg.

Das Verb ist hier *fragte*. Dieses Wort verlangt drei Satzglieder als Ergänzungen:

> Satzglied 1: Anna = handelnde Person
> Satzglied 2: den Einheimischen = angesprochene Person
> Satzglied 3: nach dem Weg = betroffener Sachverhalt

Der Satz enthält außerdem ein weiteres Satzglied, eine Angabe:

> Satzglied 4: sicherheitshalber = Motiv der Handlung

Man kann daher den Satz so definieren:

> Ein Satz ist eine Einheit, die aus einem Verb und allen von ihm verlangten Satzgliedern sowie allenfalls weiteren Satzgliedern besteht.

Zur Abgrenzung von satzwertigen Ausdrücken (→ 238) werden Sätze, die dieser Definition genügen, auch als **ausgebaute Sätze** bezeichnet.

Das zweite Konzept geht davon aus, dass alle Sätze letztlich aus Wörtern bestehen. Aus diesen lassen sich nach bestimmten Regeln – nämlich den Regeln der Syntax – komplexere Einheiten bauen, und zwar schrittweise:

> direkten + Weg → direkten Weg
> dem + direkten Weg → dem direkten Weg
> nach + dem direkten Weg → nach dem direkten Weg

Man kann daher den Satz auch so definieren:

> Ein Satz ist eine abgeschlossene Einheit, die nach den Regeln der Syntax gebildet worden ist.

Zu bedenken ist allerdings, dass Sätze Bestandteile umfangreicherer Sätze sein können (Verschachtelung von Sätzen):

> Satz: **Anna fragte den Einheimischen (etwas)** + Satz: **welches der direkte Weg sei**
> → Satz: **Anna fragte den Einheimischen, welches der direkte Weg sei**

Der Fachausdruck «Satz» erweist sich hier als etwas unscharf: Man kann damit bezeichnen:

- einen einfachen Satz wie beim ersten Konzept;
- die einzelnen Teilsätze einer komplexen Einheit wie vorangehend gezeigt; man spricht dann auch genauer von Teilsätzen oder je nachdem von Haupt- und Nebensätzen (→ 233);
- die aus Teilsätzen gebildete Einheit als Ganzes; man spricht dann genauer von einem komplexen oder zusammengesetzten Satz.

Die Grenzen der Verständlichkeit sorgen dafür, dass Sätze nicht beliebig komplex werden können. Das heißt, schon relativ kleine Texte bestehen gewöhnlich aus mehreren eigenständigen einfachen oder zusammengesetzten Sätzen. Wenn man Teilsätze ausblendet, kann man den Satz daher auch so definieren:

> Ein Satz ist die größte Einheit, die man mit den Regeln der Syntax erzeugen kann.

In den folgenden Ausführungen werden zunächst einfache Sätze behandelt, und zwar hauptsächlich solche, die funktional als Aussagesätze bestimmt werden können (→ 227). In solchen Sätzen steht das finite Verb gewöhnlich an zweiter Stelle (→ 216). Daran anschließend wird auf den Bau der zusammengesetzten Sätze eingegangen (→ 233–237).

Die verbalen Teile

159   Die innere Struktur des Satzes wird von seinen **Verbformen** bestimmt (→ 158). Man spricht hier auch von den **verbalen Teilen** des Satzes. Eine zentrale Rolle spielt dabei die **finite Verbform** (die Personalform).

160   Als verbale Teile zählen:
1. die **finite Verbform** (Personalform)
2. die infiniten Verbformen
   - der **Infinitiv**
   - das **Partizip II** und (eingeschränkt) **das Partizip I**
3. der **Verbzusatz**

Die verbalen Teile, die in einem Satz (einem einfachen Satz oder einem Teilsatz) funktional zusammengehören, kann man unter der Bezeichnung **Prädikat** zusammenfassen.

Der zusammenfassende Begriff des Prädikats ist kein notwendiger Bestandteil des Grammatikunterrichts; der Begriff des verbalen Teils reicht bei praktisch allen Fragestellungen der Schule zum Bau des Satzes aus. Viele Sprachbücher verzichten denn auch darauf, den Begriff des Prädikats einzuführen.

Die finite Verbform (die Personalform)

161 Die finite Verbform oder Personalform ist die Verbform, die nach **Person** und **Numerus** bestimmt ist (→ 40). Sie ist im deutschen Satz an bestimmte **Stellungen** gebunden: In Aussagesätzen steht sie gewöhnlich an zweiter Stelle; ihr geht dann jeweils noch ein Satzglied voraus (→ 215–223, 227).

>Diese Firma *übernimmt* den Auftrag sicher gern.

Bei gewissen anderen Satzarten besetzt sie die erste Stelle im Satz oder steht am Ende des Satzes:

>*Übernimmt* diese Firma den Auftrag gern?
>Ob diese Firma den Auftrag wohl gern *übernimmt*?

Die übrigen Bestandteile des Satzes haben keine festen Plätze, sie können innerhalb des Satzes verschoben werden (→ 169).

Die infiniten Verbformen als verbale Teile

162 Wir rechnen **Infinitive** und **Partizipien** zu den verbalen Teilen, wenn sie mit einer finiten Verbform (Personalform) eine inhaltliche Einheit bilden. Solche Einheiten enthalten oft Hilfsverben (*haben, sein, werden*; → 34) oder Modalverben (→ 35), aber auch bestimmte andere Verben, zum Beispiel *lassen* und *bleiben*.

>Anna *öffnete* den Umschlag.
>Anna *hat* den Umschlag *geöffnet*.
>Anna *will* den Umschlag *öffnen*.
>Anna *hätte* den Umschlag längst *öffnen sollen*.
>Anna *sollte* den Umschlag längst *geöffnet haben*.
>Der Umschlag *wird* von Anna *geöffnet*.
>Der Umschlag *ist* von Anna *geöffnet worden*.
>
>Die Kinder *spielten* draußen.
>Die Eltern *ließen* die Kinder draußen *spielen*.
>Die Eltern *hätten* die Kinder eigentlich draußen *spielen lassen wollen*.
>
>Die Fußgänger *standen* vor der Ampel.
>Die Fußgänger *blieben* vor der Ampel *stehen*.
>Die Fußgänger *sind* vor der Ampel *stehen geblieben*.

Satzwertige Fügungen enthalten keine finite Verbform (→ 248–249). In solchen Fügungen können infinite Verbformen auch als eigenständige verbale Teile auftreten:

> Wir haben versprochen, bis spätestens 23 Uhr *heimzukehren.*
> Anna legte den Brief weg, ohne ihn ganz *gelesen zu haben.*
> Schließlich kam er, vor Anstrengung heftig *keuchend,* oben an.
> Von der Aufführung *beeindruckt,* klatschten alle herzlich.

Infinitiv

163 Infinitive stehen meist am Ende des Satzes; sie können aber zur Hervorhebung auch (gegebenenfalls mit anderen Bestandteilen des Satzes) an den Anfang gestellt werden.

> Wir *müssen* erst um 23 Uhr *heimkehren.*
> *Heimkehren müssen* wir erst um 23 Uhr.
>
> Ich *wollte* den Film auf keinen Fall *verpassen.*
> Den Film *verpassen wollte* ich auf keinen Fall.

Partizip I und II

164 Wenn ein Partizip II zusammen mit einem Hilfsverb Bestandteil einer zusammengesetzten Verbform (→ 34, 44) ist, rechnen wir es zu den verbalen Teilen. Es steht dann wie der Infinitiv gewöhnlich am Ende des Satzes, kann aber zur Hervorhebung auch (gegebenenfalls mit anderen Bestandteilen des Satzes) an den Anfang gestellt werden.

> Wir *haben* mit der Arbeit schon vor drei Stunden *angefangen.*
> *Angefangen haben* wir mit der Arbeit schon vor drei Stunden.
> Mit der Arbeit *angefangen haben* wir schon vor drei Stunden.
>
> Der Deckenbalken *wird* von zwei mächtigen Pfeilern *gestützt.*
> *Gestützt wird* der Deckenbalken von zwei mächtigen Pfeilern.

In satzwertigen Partizipgruppen kommen sowohl das Partizip I als auch das Partizip II vor. Sie bilden hier eigenständige verbale Teile (→ 249, 220):

> Vom lauten Bellen *gewarnt,* schlich der Einbrecher zurück auf die Straße.
> Sie legte, einen letzten Blick auf die Zeichnung *werfend,* den Farbstift weg.

Zu Partizipgruppen als Satzgliedern oder Gliedteilen → 176.

Der Verbzusatz

165 Als Verbzusätze bezeichnet man die abtrennbaren Bestandteile unfest zusammengesetzter Verben (→ 46). Der Verbzusatz steht für sich, wenn die finite Verbform (Personalform) einer solchen Zusammensetzung die erste oder zweite Stelle im Satz einnimmt (→ 215–223). Er steht dann gewöhnlich am Schluss.

*teil*nehmen
→ Ich *nehme* am Spiel auch *teil.*
→ *Nimmst* du am Spiel auch *teil?*

*fest*stehen
→ Es *steht fest,* dass das Spiel verschoben werden muss.
→ *Steht* jetzt eigentlich *fest,* ob das Spiel verschoben werden muss?

*hindurch*sickern
→ Schon seit Tagen *sickert* Wasser durch den Spalt *hindurch.*
→ *Sickert* noch immer Wasser durch den Spalt *hindurch?*

Manche Verbzusätze können bei besonderer Betonung wie ein Satzglied an die Spitze des Satzes gestellt werden, gegebenenfalls mit anderen Bestandteilen des Satzes. Man schreibt dann getrennt:

Fest steht nur, dass das Spiel verschoben werden muss.
Durch den Spalt *hindurch* sickert seit Tagen Wasser.

166 Elemente, die mit dem Infinitiv *nicht* zusammengeschrieben werden, gelten nicht als Verbzusätze, sondern als Satzglieder:

Anteil nehmen, Schlange stehen, senkrecht stehen, zutage treten (zu Tage treten)

Je nachdem handelt es sich um eine Nominalgruppe (etwa Akkusativobjekt), eine Adjektivgruppe oder eine Adverbgruppe.

Wenn man (wie hier) die Unterscheidung zwischen Verbzusatz und Satzglied an die Rechtschreibung bindet, handelt es sich selbstverständlich um eine reine Konvention. In Wirklichkeit lassen sich Verbzusätze und Satzglieder nicht immer klar voneinander abgrenzen, wie auch die wechselnden Normen der Rechtschreibung andeuten. Eine Beispielgruppe mag hier genügen (Stand 2007): nur Zusammenschreibung bei *standhalten;* Zusammen- oder Getrenntschreibung bei *maßhalten* bzw. *Maß halten;* nur Getrenntschreibung bei *Schritt halten, Abstand halten* usw.

Wortgruppen: Satzglieder und Gliedteile

167 Sätze enthalten normalerweise neben den verbalen Teilen weitere Bestandteile. Man kann hier die folgenden Fragen stellen:

- Wie werden die Bestandteile des Satzes voneinander abgegrenzt?
- Welches ist ihr innerer Bau?
- Welche formalen Eigenschaften haben sie?
- Wie verhalten sie sich gegenüber den verbalen Teilen und den anderen Bestandteilen des Satzes?
- Welches sind ihre inhaltlichen Besonderheiten?

Grundbegriffe

168 Zentrale Begriffe der Satzlehre sind **Wortgruppe, Satzglied, Gliedteil** und **Kern**. Sie lassen sich wie folgt bestimmen:

1. Eine **Wortgruppe** ist eine Einheit des Satzes, die aus einem oder mehreren Wörtern besteht. Jede Wortgruppe hat einen **Kern**; Wortgruppen mit nur einem einzigen Wort bestehen nur aus dem Kern.

Moritz miaut vor der Tür.
Unsere schwarze *Katze* miaut vor der Tür.

Bei den Wortgruppen lassen sich zwei Unterarten unterscheiden: Satzglieder und Gliedteile. «Wortgruppe» ist also ein Oberbegriff, der sowohl Satzglieder als auch Gliedteile umfasst.

Die verbalen Teile bezeichnet man nicht als Wortgruppe, da sie im Satz häufig getrennt voneinander stehen (→ 160–164).

In der wissenschaftlichen Grammatik ist für «Wortgruppe» der Fachausdruck «Phrase» verbreitet. Entsprechend finden sich dort auch Ausdrücke wie «Nominalphrase», «Adjektivphrase», «Präpositionalphrase» (→ 179) usw.

169 2. Funktional gesehen, sind Satzglieder diejenigen Wortgruppen, die sich direkt auf das Verb oder den ganzen Satz beziehen (vgl. auch → 158). Ein Beispiel:

Der Hund *vergrub* im Garten der Nachbarn einen Knochen.

Dieser Satz enthält drei Satzglieder. Bei zweien ist es offensichtlich, dass sie vom Verb abhängen: Sie sind in der Bedeutung des Verbs schon vorangelegt. Das heißt, die Bedeutung von *vergraben* schließt ein, dass ein handelndes Wesen und eine betroffene Sache existieren. Diese Rollen übernehmen hier der Hund und einen Knochen. Das dritte Satzglied, im Garten der Nachbarn, liefert eine Zusatzinformation, es gibt an, wo die Handlung abgelaufen ist.

Im Deutschen haben Wortgruppen dieser Art eine wichtige formale Eigenschaft gemeinsam: sie lassen sich innerhalb des Satzes geschlossen verschieben.

Insbesondere können sie in einfachen Aussagesätzen auch allein die Position vor dem finiten Verb einnehmen (→ 215–216). Nötigenfalls lässt sich das mit einer Verschiebeprobe zeigen (→ 11):

<u>Der Hund</u> *vergrub* im Garten der Nachbarn einen Knochen.
→ <u>Im Garten der Nachbarn</u> *vergrub* der Hund einen Knochen.
→ <u>Einen Knochen</u> *vergrub* der Hund im Garten der Nachbarn.

Man kann daher Satzglieder auch formal definieren:

Ein **Satzglied** ist eine Einheit des Satzes, die allein die Position vor dem finiten Verb besetzen kann.

In der Schulgrammatik steht der formale Zugang zu den Satzgliedern im Vordergrund (→ 211).

170 Kein Satzglied ist die Wortgruppe der Nachbarn des vorangehenden Beispiels – sie kann nicht allein umgestellt werden:

(Unmöglich): Der Nachbarn *vergrub* der Hund im Garten einen Knochen.

Die Wortgruppe *der Nachbarn* bezieht sich denn auch nicht auf das Verb oder den Satz, sondern beschreibt das Nomen *Garten* näher – es handelt sich um ein Gliedteil:

Als **Gliedteile** bezeichnen wir Wortgruppen, die im Inneren eines Satzgliedes neben dem Kern auftreten. Sie können nur zusammen mit ihrem Satzglied verschoben werden.

Ein weiteres Beispiel:

Am Gartenzaun steht ein <u>altes</u> Pferd.

Satzglied: ein altes Pferd
Kern: ein … Pferd
Gliedteil: <u>altes</u>

(Hier und in den folgenden Beispielen zählen wir den Artikel mit zum Kern; → 174.)

Auch Gliedteile haben immer einen Kern. Und sie können außer dem Kern ihrerseits Gliedteile enthalten (Verschachtelung):

Am Gartenzaun steht das **zehn Jahre** alte Pferd des Nachbarn

Satzglied:	das zehn Jahre alte Pferd des Nachbarn
Kern des Satzglieds:	das … Pferd
Gliedteile zum Kern des Satzglieds:	zehn Jahre alte , des Nachbarn
Kerne der Gliedteile:	alte, des Nachbarn
Gliedteil im ersten Gliedteil:	zehn Jahre
Kern dieses Gliedteils:	Jahre
Gliedteil zu diesem Kern:	zehn

171 Fazit: Im Satz können neben den verbalen Teilen zwei Arten von Wortgruppen vorkommen: Die Satzglieder lassen sich innerhalb des Satzes geschlossen verschieben und beziehen sich inhaltlich auf das Verb oder den ganzen Satz. Die Gliedteile stehen innerhalb von Satzgliedern und lassen sich nur mit diesen zusammen verschieben. Inhaltlich beziehen sie sich auf den Kern des Satzgliedes (oder auf ein anderes Gliedteil).

Zum Verhältnis der Begriffe «Gliedteil» und «Attribut» → 190.

172 Wortgruppen – Satzglieder und Gliedteile – lassen sich nach unterschiedlichen Gesichtspunkten näher bestimmen. In dieser Grammatik spielen die folgenden eine Rolle:

- die Form
- die Funktion
- der Inhalt

Das Schwergewicht liegt auf dem formalen Gesichtspunkt, die anderen Gesichtspunkte sind diesem nachgeordnet.

Formale Merkmale von Satzgliedern und Gliedteilen

173 Das wichtigste formale Merkmal von Wortgruppen, also sowohl von Satzgliedern als auch von Gliedteilen, ist die **Wortart ihres Kerns.** Man kann auf diese Weise die folgenden Wortgruppen unterscheiden:

1. Nominalgruppen
2. Begleitergruppen
3. Adjektiv- und Partizipgruppen
4. Adverbgruppen
5. Präpositionalgruppen
6. Konjunktionalgruppen

Bei der Beschreibung der Nominalgruppen zieht man den **Kasus** als weiteres formales Merkmal heran.

Nominalgruppen

174 Eine **Nominalgruppe** ist eine Wortgruppe, die ein **Nomen,** eine **Nominalisierung** oder ein **stellvertretendes Pronomen** als Kern aufweist.

Der alte *Mann* ging an einem Stock.
Der *Alte* ging an einem Stock.
Er ging an einem Stock.

Max liebt den *Schwimmsport.*
Max liebt das *Schwimmen.*
Max liebt *dies.*

Begleitergruppen

175 **Begleitende Pronomen** innerhalb von Nominalgruppen sind als Gliedteile zu betrachten; man kann sie als Begleitergruppen bezeichnen:

> <u>Unsere</u> Katze kennt <u>jeden</u> Schleichweg.
> <u>Was für eine</u> Tasche suchen Sie? (→ 107)
> Ich kaufte <u>diese</u> Vase in <u>irgend so einem</u> Fischerdorf.

Der bestimmte und der unbestimmte Artikel werden der Einfachheit halber gewöhnlich vernachlässigt; man kann sie mit dem Nomen oder der Nominalisierung zusammen zum Kern der Nominalgruppe rechnen.

Adjektiv- und Partizipgruppen

176 Eine **Adjektivgruppe** hat ein Adjektiv als Kern, eine **Partizipgruppe** ein Partizip:

> Der Saal war *voll.*
> Der Betrunkene fuhr *viel zu schnell.*
> Bei der Kirche steht eine *mehr als dreihundert Jahre alte* Eiche.
> Er aß *schmatzend* einen Apfel.
> Die *vom Sturm überraschten* Wanderer suchten einen Unterstand.

Partizip- und Adjektivgruppen können in bestimmten Verwendungsweisen das Gewicht eines Teilsatzes erhalten, man spricht dann von satzwertigen Partizip- und Adjektivgruppen (→ 249). Ein Beispiel:

> *Vom Sturm überrascht,* suchten die Wanderer einen Unterstand.

Adverbgruppen

177 Eine **Adverbgruppe** hat ein Adverb als Kern:

> Die Ameisen haben *beizeiten* für Vorräte gesorgt.
> Und *direkt daneben* seht ihr den Turm.
> Das Haus *schräg gegenüber* ist ein reines Bürogebäude.

Zur Abgrenzung vom Adverbiale → 186.

Präpositionalgruppen

178 Eine **Präpositionalgruppe** ist von einer Präposition geprägt. Von der Präposition als grammatischem Kern der Präpositionalgruppe hängt immer eine andere Wortgruppe ab, zum Beispiel eine Nominalgruppe oder eine Adjektivgruppe; diese Wortgruppe ist ein Bestandteil der Präpositionalgruppe, ein Gliedteil also:

> Präpositionalgruppe = Präposition + abhängige Wortgruppe

Die von der Präposition abhängige Wortgruppe kann von unterschiedlicher formaler Prägung sein; am häufigsten sind Nominalgruppen (siehe auch → 136):

Präposition plus Nominalgruppe im Akkusativ:

>Die anderen warteten zum Glück **auf Julia**.
>Die anderen warteten zum Glück **auf mich**.

Präposition plus Nominalgruppe im Dativ:

>Die Mannschaft ist **mit ihrem neuen Trainer** zufrieden.

Präposition plus Nominalgruppe im Genitiv:

>Rita wohnt **außerhalb des Ortes**.

Präposition plus Adjektiv- oder Partizipgruppe:

>Der Untersuchungsrichter erklärte den Laden **für geschlossen**.

Präposition plus Adverbgruppe:

>Der Ball kam **von ganz weit hinten**.

179 Zur Terminologie: «Präpositionalgruppe» dient hier als neutraler Ausdruck, der sowohl für Satzglieder als auch für Gliedteile gebraucht werden kann. In den einzelnen Grammatiken bestehen daneben zahlreiche weitere Ausdrücke: «Präpositionalphrase» (internationaler Fachausdruck, unter anderem in der Duden-Grammatik verwendet), «Präpositionalgefüge», «Präpositionalglied» (nur für Satzglieder), «Präpositionalkasus» (nur für Präposition plus Nominalgruppe), «präpositionales Satzadjektiv» (nur für Präposition plus Adjektivgruppe), «präpositionale Satzpartikel» (nur für Präposition plus Adverbgruppe), «Präpositionalobjekt» (nur für Präpositionalgruppen, die funktional als Aktanten zu bestimmen sind; → 184). Für Präpositionalgruppen mit dem Status von Gliedteilen sind unter anderem die Ausdrücke «Präpositionalattribut», «präpositionales Attribut», «attributive Präpositionalphrase» und «attributives Präpositionalgefüge» üblich.

Wir möchten empfehlen, in der Schulgrammatik nur noch den neutralen Ausdruck «Präpositionalgruppe» zu verwenden.

Konjunktionalgruppen

180 Als **Konjunktionalgruppen** bezeichnen wir Wortgruppen, die von den Konjunktionen *als* oder *wie* eingeleitet werden. Wie bei der Präpositionalgruppe sind diese Konjunktionen immer mit einer Wortgruppe verbunden, die in die Konjunktionalgruppe eingeschlossen ist:

>Konjunktionalgruppe = **Konjunktion + abhängige Wortgruppe**

Wie bei der Präpositionalgruppe kann die abhängige Wortgruppe von unterschiedlicher formaler Prägung sein. Die folgenden Beispiele zeigen nur eine Auswahl.

Konjunktion plus Nominalgruppe:

>**Wie viele Fußballer** hat auch Max Probleme mit den Knien.

Konjunktion plus Adjektivgruppe:

>Dieser Film gilt **als außerordentlich spannend**.

Konjunktion plus Adverbgruppe:

>Er trug wie immer einen schwarzen Pullover.

Konjunktion plus Präpositionalgruppe:

>Susanne rannte noch schneller als vor einem Jahr.

181 Nominalgruppen innerhalb von Konjunktionalgruppen richten sich im Kasus meist nach einem Bezugswort (einer Bezugswortgruppe); man spricht hier von Kongruenz oder Übereinstimmung im Kasus. In den folgenden Beispielen ist das Bezugswort blau gesetzt:

>*Als* guter Beobachter bemerkte er das sofort.
>*Als* guten Beobachter störte ihn das sofort.
>*Als* gutem Beobachter fiel ihm das sofort auf.

182 «Konjunktionalgruppe» dient hier wie «Präpositionalgruppe» als neutraler Ausdruck, der sowohl für Satzglieder als auch für Gliedteile gebraucht werden kann. Und wie bei der Präpositionalgruppe besteht auch hier eine (allzu) bunte Vielfalt konkurrierender Termini. In der Schule wird mit Vorteil nur noch der neutrale Ausdruck «Konjunktionalgruppe» verwendet.

Funktionale Merkmale von Wortgruppen

183 Wortgruppen können nach der Art, wie sie von den anderen Bestandteilen des Satzes **abhängen,** näher bestimmt werden; es geht hier um die **Funktion** von Wortgruppen im Satz. Man kann hier wie folgt unterscheiden:

184 **1. Aktanten** hängen von einem Verb oder einem Adjektiv ab. Sie drücken die Personen, Sachen oder Sachverhalte aus, die an einem Vorgang oder an einer Handlung beteiligt sind. Man spricht hier auch von semantischen Rollen (→ 192). Beispiele:

>Das Mädchen küsst den Jungen.
>>das Mädchen = handelnde Person
>>den Jungen = betroffene Person

>Das Bild gefällt den Besuchern.
>>das Bild = Sache, die Gegenstand der Wahrnehmung ist
>>den Besuchern = wahrnehmende Personen

Dabei bestimmt das Verb (oder das Adjektiv) nicht nur die semantische Rolle des Satzgliedes, sondern auch die genaue Form, insbesondere den Kasus oder die Wahl einer besonderen Präposition. Ein paar Beispiele:

>[1] Die Besucher lieben [2] dieses Bild.
>>[1] Nominalgruppe im Nominativ (= Subjekt, → 197)
>>[2] Nominalgruppe im Akkusativ (= Akkusativobjekt, → 202)

[1] **Die Besucher** verliebten sich [2] **in dieses Bild.**
    [1] Nominalgruppe im Nominativ (= Subjekt, → 197)
    [2] Präpositionalgruppe mit *in*

[1] **Den Besuchern** gefällt [2] **dieses Bild.**
    [1] Nominalgruppe im Dativ (= Dativobjekt, → 206)
    [2] Nominalgruppe im Nominativ (= Subjekt, → 197)

[1] **Die Besucher** interessiert [2] **dieses Bild.**
    [1] Nominalgruppe im Akkusativ (= Akkusativobjekt, → 202)
    [2] Nominalgruppe im Nominativ (= Subjekt, → 197)

[1] **Die Besucher** interessieren sich [2] **für dieses Bild.**
    [1] Nominalgruppe im Nominativ (= Subjekt, → 197)
    [2] Präpositionalgruppe mit *für*

Wir übernehmen hier die Sprechweise der Duden-Grammatik, die zwischen Ergänzungen und Aktanten unterscheidet. Unter einer Ergänzung versteht man ein vom Verb verlangtes Satzglied (Gegenbegriff: «Angabe» oder «freie Wortgruppe», zum Beispiel «freies Prädikativ»). «Aktant» ist ein funktionaler Begriff und steht in Opposition zu den nachfolgend definierten Begriffen des Adverbiales und des Prädikativs. Die meisten Aktanten sind zugleich Ergänzungen (das ist der Grund, warum hier nicht alle Grammatiken unterscheiden), es gibt aber auch Adverbialergänzungen (vom Verb verlangte Adverbialien) und Prädikativergänzungen (vom Verb verlangte Prädikative).

185 **2. Adverbialien** hängen von einem Verb, einem Adjektiv oder auch vom Satz als Ganzem ab. Sie liefern unter anderem situative Informationen (zum Beispiel Ort und Zeit) oder drücken die Einstellung des Sprechers aus.

Die Form des Adverbiales ist wesentlich freier wählbar als diejenige der Aktanten. Die folgenden drei Varianten zeigen nur einen kleinen Teil der Möglichkeiten:

Präpositionalgruppe:	Wir treffen uns **an jedem Mittwoch.**
Adverbialer Akkusativ:	Wir treffen uns **jeden Mittwoch.**
Adverbgruppe:	Wir treffen uns **mittwochs.**
Adjektivgruppe:	Wir treffen uns **wöchentlich.**
Präpositionalgruppe:	Otto hat **nach meiner Ansicht** gelogen.
Adverbialer Genitiv:	Otto hat **meines Erachtens** gelogen.
Adverbgruppe:	Otto hat **offenbar** gelogen.
Adjektivgruppe:	Otto hat **sicher** gelogen.

186 Historisch hat der Ausdruck «Adverbiale» mit «Adverb» zu tun; Grund für diese Benennung waren Variationen wie die oben gezeigten, insbesondere die Einsetzbarkeit eines Adverbs bzw. einer Adverbgruppe (vgl. den jeweils dritten Satz). In der Folge führte das Nebeneinander der Ausdrücke «Adverbiale» und «Adverb» allerdings zu einem heillosen Durcheinander. So wurde etwa behauptet, auch im jeweils vierten Satz liege ein Adverb vor, da es sich ja um ein Adverbiale handle: Wir treffen uns *wöchentlich*. Otto hat *sicher* gelogen. Tatsächlich handelt es sich um Adjektive (Wortart!), die als Adverbiale (Satzglied!) verwendet sind, um adverbiale Adjektive also (→ 125). In der Satzlehre müsste man korrekt formulieren: Es liegt eine adverbiale Adjektivgruppe vor: eine Wortgruppe, die adverbiale Funktion hat und ein Adjektiv als Kern aufweist.

Wir möchten empfehlen, in der Schule den Ausdruck «Adverbiale» oder das zugehörige Adjektiv «adverbial» auf die folgenden drei Verwendungsweisen zu beschränken: in der Wortlehre auf den Begriff des adverbialen Adjektivs (→ 125), in der Satzlehre auf die beiden Nominalgruppen des adverbialen Akkusativs und des adverbialen Genitivs (→ 205, 208).

Vom funktionalen Begriff des Adverbiales zu trennen ist der formale Begriff der Adverbgruppe. Mit diesem Ausdruck werden – unabhängig von ihrer Funktion im Satz – alle Wortgruppen mit einem Adverb als Kern bezeichnet (→ 177).

187 **3. Prädikative** hängen ebenfalls von einem Verb oder einem Adjektiv ab, beziehen sich aber zusätzlich noch eng auf einen Aktanten (Subjekt oder Akkusativobjekt). Siehe dazu die folgenden Beispiele:

>Herbert war ein Spielverderber.
>Die Kollegen nannten Herbert einen Spielverderber.

Die Nominalgruppe *ei… Spielverderber* ist ein Prädikativ, sie bezieht sich beide Male auf *Herbert*. Im ersten Satz ist *Herbert* Subjekt, entsprechend steht auch das Prädikativ im Nominativ (Übereinstimmung oder Kongruenz im Kasus); man spricht von einem prädikativen Nominativ (→ 200). Im zweiten Satz ist *Herbert* Akkusativobjekt, beim Prädikativ handelt es sich jetzt um einen prädikativen Akkusativ (→ 204).

188 In der vorliegenden Grammatik behandeln wir von den prädikativen Wortgruppen in der Satzlehre nur die reinen Nominalgruppen näher, also den prädikativen Nominativ (→ 200) und den prädikativen Akkusativ (→ 204). In der Wortlehre gehen wir außerdem auf die sogenannten prädikativen Adjektive ein (→ 124); in der Satzlehre müsste man hier von prädikativen Adjektivgruppen sprechen.

189 **4. Attribute im engeren Sinn** hängen von einem Nomen oder einem Pronomen ab. Siehe hierzu die folgenden Beispiele:

>Wir kletterten auf einen hohen Berg.
>Der Berg war hoch.

Im ersten Satz liegt ein *attributives* Adjektiv vor (→ 119); in der Satzlehre müsste man sagen: eine attributive Adjektivgruppe. Im zweiten Satz bezieht sich das Adjektiv zwar ebenfalls auf das Nomen, hängt aber zugleich auch vom Verb *war* ab. Es handelt sich nicht um ein attributives, sondern um ein *prädikatives* Adjektiv (→ 124); in der Satzlehre müsste man sagen: um eine prädikative Adjektivgruppe.

190 In der vorliegenden Satzlehre behandeln wir von den Attributen im engeren Sinn nur das Genitivattribut (→ 209) und die Apposition (→ 210) näher. In der Wortlehre gehen wir außerdem auf die attributiven Adjektive ein (→ 119–121).

Leider herrscht auch beim Ausdruck «Attribut» ein gewisses terminologisches Durcheinander, wir mussten hier denn auch ausdrücklich von «Attribut im engeren Sinn» sprechen. Daneben gibt es auch einen weiten Attributbegriff: Er entspricht etwa demjenigen des Gliedteils – aber nur grosso modo; so werden etwa Wortgruppen, die von Präpositionen und Konjunktionen abhängen, traditionellerweise nicht Attribute genannt, sie fallen jedoch sehr wohl unter unsere Definition von Gliedteil (→ 170).

191 Mit der Einteilung in Aktanten, Adverbialien, Prädikative und Attribute (im engeren Sinn) kann man nicht allen Wortgruppen gerecht werden. So werden etwa die Wortgruppen, die von einer Präposition oder einer Konjunktion abhängen (→ 178, 180), nicht erfasst, ebenso wenig Wortgruppen außerhalb des ausgebauten Satzes, so zum Beispiel der Anredenominativ (→ 201).

Inhaltliche Merkmale von Wortgruppen

192 Wortgruppen können nicht nur nach **Form** und **Funktion** untersucht werden, sondern auch nach der **inhaltlichen Leistung,** die sie gegenüber den anderen Bestandteilen des Satzes erbringen. Bei den Aktanten spricht man auch von deren semantischer Rolle (→ 184). Die folgenden Beispiele zeigen (ohne Anspruch auf Vollständigkeit) die Möglichkeiten, die bei Aktanten im Nominativ (= Subjekt; → 197) bestehen:

    1. Täter (Agens):   Der Postbote stellte uns eine Mahnung zu.
    2. Empfänger (Adressat):   Wir haben eine Mahnung erhalten.
    3. Betroffene Sache: Eine Mahnung wurde uns zugestellt.
    4. Empfindender: Die Familie hat sich darüber geärgert.
    5. Träger eines Vorgangs: Die Schulden wachsen von Tag zu Tag.
    6. Zustandsträger: Die Mahnung liegt nun in der Schublade.
    7. Träger einer Eigenschaft: Die Mahnung ist uns peinlich.
    8. Mittel: Der Einzahlungsschein dient zum Begleichen der Rechnung.
    9. Ursache: Die Schulden verschaffen uns einen schlechten Ruf.

Bei den Adverbialien kann man zunächst grob zwischen solchen mit situativer und solchen mit kommentierender Bedeutung unterscheiden:

Vroni arbeitet **am Sonntag anscheinend leider vier Stunden bei der Zeitung.**
    am Sonntag = situativ (genauer: Zeitpunkt)
    anscheinend = kommentierend (genauer: Einschätzung des Wahrheitsgehalts)
    leider = kommentierend (genauer: Angabe der Sprechereinstellung)
    vier Stunden = situativ (genauer: Zeitdauer)
    bei der Zeitung = situativ (genauer: Ort)

Auch bei den Prädikativen sind feinere inhaltliche Unterscheidungen möglich, etwa zwischen beschreibenden und resultativen:

Otto trinkt den Kaffee **heiß.**
    heiß = beschreibendes Prädikativ: Der Kaffee war heiß, als Otto ihn trank.

Otto macht das Kaffeewasser **heiß.**
    heiß = resultatives Prädikativ: Otto bewirkte, dass das Wasser am Ende heiß war.

193 Die traditionelle Schulgrammatik hat inhaltliche Aspekte nur bei den Adverbialien beachtet (→ 185, 213). Die obenstehende Darstellung versuchte zu zeigen, dass grundsätzlich alle Satzglieder auf Inhaltliches untersucht werden können. Formale, funktionale und inhaltliche Betrachtungsweisen schließen einander nicht aus, sondern ergänzen sich.

Was die Adverbialien betrifft, so möchten wir raten, von der traditionellen starren Vierer-Einteilung in Adverbialien des Ortes, der Zeit, des Grundes sowie der Art und Weise abzugehen. Eine normierte Sprechregelung ist im Unterricht überflüssig, die Leistung der Adverbialien kann ganz gut auch mit spontanen alltagssprachlichen Ausdrücken erfasst werden. Entsprechendes gilt natürlich auch für die inhaltliche Beschreibung der Aktanten und der Prädikative.

Zu bedenken ist bei alledem, dass bestimmten formal und/oder funktional definierten Satzgliedern nicht ganz bestimmte Inhalte entsprechen. Oder anders gesagt: Zwischen Form, Funktion und Inhalt bestehen keine 1:1-Relationen.

Übersicht über Satzglieder und Gliedteile

Form und Funktion der Satzglieder

194 In der Satzlehre dieses Buches beschränken wir uns im Allgemeinen auf die formale Bestimmung der Satzglieder, also die Einteilung nach dem Kern und nach dem Kasus. Bei den **Nominalgruppen** lohnt es sich aber unseres Erachtens, auch funktionale Gesichtspunkte mit einfließen zu lassen. Auf diese Weise ergibt sich die folgende «Kreuzklassifikation» der Satzglieder nach den Kriterien Wortart des Kerns und Kasus (links, rot) sowie Funktion (oben, blau).

	Aktant	Prädikativ	Adverbiale
Nominalgruppe im Nominativ	**Subjekt**	prädikativer Nominativ	
Nominalgruppe im Akkusativ	**Akkusativobjekt**	prädikativer Akkusativ	adverbialer Akkusativ
Nominalgruppe im Dativ	**Dativobjekt**		
Nominalgruppe im Genitiv	**Genitivobjekt**		adverbialer Genitiv
Adjektivgruppe		(Adjektivgruppe)	(Adjektivgruppe)
Adverbgruppe	(Adverbgruppe)	(Adverbgruppe)	(Adverbgruppe)
Präpositionalgruppe	(Präpositionalgruppe)	(Präpositionalgruppe)	(Präpositionalgruppe)
Konjunktionalgruppe		(Konjunktionalgruppe)	(Konjunktionalgruppe)

Die eingeklammerten Fachausdrücke könnten bei einer vollständigen Satzgliedbestimmung präzisiert werden, so könnte beispielsweise zwischen Präpositionalgruppen in der Funktion von Aktanten (= Präpositionalobjekten), in der Funktion von Adverbialien (= adverbiale Präpositionalgruppen) und in der Funktion von Prädikativen (= prädikative Präpositionalgruppen) unterschieden werden.
Eine solche Klassifikation geht allerdings weit über das hinaus, was unseres Erachtens in der Schulgrammatik geleistet werden kann und soll.

Vom Schema werden Wortgruppen, die außerhalb des eigentlichen Satzes stehen, nicht erfasst. Dies gilt etwa für den Anredenominativ (→ 201), der funktional als satzwertige Fügung zu bestimmen ist (→ 238).

Zur Klassifikation der Gliedteile

195 Gliedteile werden in dieser Grammatik nur nach der Form bestimmt. Wir unterscheiden bei den Gliedteilen also nach Nominalgruppen, Adjektivgruppen, Präpositionalgruppen usw. (→ 173). Dass auch bei der Erfassung der Gliedteile funktionale und inhaltliche Gesichtspunkte fruchtbar angewendet können, soll immerhin an zwei besonderen Arten von Gliedteilen gezeigt werden, nämlich am Genitivattribut (→ 209) und an der Apposition (→ 210).

Die Nominalgruppen im Einzelnen

196 Nominalgruppen sind je nachdem Satzglieder oder Gliedteile. Im Einzelnen gilt die folgende Verteilung:

Subjekt	Das Subjekt ist immer **Satzglied,** nie Gliedteil.
prädikativer Nominativ Akkusativobjekt prädikativer Akkusativ adverbialer Akkusativ Dativobjekt Genitivobjekt adverbialer Genitiv	Bei diesen Wortgruppen handelt es sich gewöhnlich um **Satzglieder,** nur in komplexen Sätzen treten sie auch als **Gliedteile** auf (zum Beispiel, wenn sie von einem attributiven Partizip abhängen).
Genitivattribut Apposition	Diese Nominalgruppen treten nur als **Gliedteile** auf.

Nominalgruppen im Nominativ

Das Subjekt

197 Das Subjekt ist ein Aktant, der gewöhnlich die Form einer **Nominalgruppe im Nominativ** hat; man spricht dann oft verdeutlichend von einem **Subjektsnominativ.** Das Subjekt steht in einer besonderen Beziehung zur finiten Verbform (Personalform; → 40, 161). Dies kommt auch formal zum Ausdruck: Die finite Verbform stimmt mit dem Subjekt in Person und Numerus überein.

Zum Subjektsatz → 250/251.

Das Subjekt kann man mit Hilfe einer Reihe von Proben bestimmen.

1. Bei der **Infinitivprobe** handelt es sich um eine besondere Art von Umformungsprobe (→ 12). Man formt den fraglichen Satz in eine Infinitivgruppe um (auch verbale Wortkette genannt). Ein Satzglied fällt bei der Umformung heraus, und das ist das Subjekt:

> Die Mannschaft hat das Spiel sicher gewonnen.
> → Das Spiel sicher gewinnen / *die Mannschaft*

2. Bei der **Kongruenzprobe** (→ 8) ändert man den Numerus (die grammatische Zahl) der in Frage kommenden Nominalgruppen, und zwar je nachdem vom Singular in den Plural oder umgekehrt. Diejenige Nominalgruppe, bei der die finite Verbform (Personalform) sich mitverändert, ist das Subjekt. Ein Beispiel:

> *Die Mannschaft* hat *das Spiel* sicher gewonnen.
> → *Die Mannschaften* **haben** das Spiel sicher gewonnen.
> → Die Mannschaft **hat** *die Spiele* sicher gewonnen.

> Subjekt ist hier also die erste Nominalgruppe.

3. Ist die Bestimmung des Subjekts ein Problem, weil der Kasus der Nominalgruppe nicht zu erkennen ist, so kann man eine **Ersatzprobe** (→ 2, 3) machen: Man ersetzt die nicht eindeutige Form probeweise durch eine solche, an der der Kasus unmittelbar ablesbar ist, zum Beispiel durch ein männliches Nomen mit Begleiter (**Maskulinprobe;** → 2, 86) oder durch das Pronomen wer (**Frageprobe;** → 2, 86).

> *Die Mannschaft* hat das Spiel sicher gewonnen.
> → *Der Baum* hat das Spiel sicher gewonnen.
> → *Wer* hat das Spiel sicher gewonnen? – Die Mannschaft.

198 Bei gewissen Verben steht das Pronomen *es* als Subjekt, ohne dass es ein Nomen vertritt. Solche Konstruktionen werden **unpersönlich** genannt. Das Pronomen *es* kann bei unpersönlichen Konstruktionen vor oder nach der finiten Verbform (Personalform) stehen (**Verschiebeprobe;** → 11):

> *Es* hat vorhin an die Tür geklopft.
> → Vorhin hat *es* an die Tür geklopft.

Weitere Beispiele:

> Seit drei Tagen regnet *es* ununterbrochen. *Es* gibt über diese Ereignisse nur wenige verlässliche Nachrichten. Mir gefällt *es* am neuen Wohnort.

Mit dem unpersönlichen *es* ist das sogenannte **Korrelat-*es*** verwandt. Es verweist auf einen nachgestellten Nebensatz (→ 250–251). Je nach Verb steht es obligatorisch oder fakultativ:

> **Es** gefällt mir, dass Benno sich so gut mit Tieren versteht.
> **Es** ist erstaunlich, dass Maria schon wieder trainieren kann.

Wenn man den Nebensatz voranstellt, verschwindet das Korrelat-*es*:

> **Dass Benno sich so gut mit Tieren versteht,** gefällt mir.
> **Dass Maria schon wieder trainieren kann,** ist erstaunlich.

Im Gegensatz zum Platzhalter-*es*, auf das im Folgenden eingegangen wird, kann das Korrelat-*es* auch nach dem finiten Verb stehen:

> Mir gefällt <u>es</u>, **dass Benno sich so gut mit Tieren versteht.**
> Eigentlich ist <u>es</u> nicht erstaunlich, **dass Maria schon wieder trainieren kann.**

199 Vom unpersönlichen *es* ist das **Platzhalter-*es*** zu trennen. Es steht, wenn die Stelle an der Spitze des Satzes vor der finiten Verbform (Personalform) weder vom Subjekt noch von einem andern Satzglied besetzt wird. Entsprechend verschwindet es, wenn ein anderes Satzglied seine Stelle einnimmt (**Verschiebeprobe** machen; → 11). Das Platzhalter-*es* zählt nicht als Subjekt.

> Es erschienen nur wenige Zuschauer.
> → Nur wenige Zuschauer erschienen.
>
> Es konnte ihnen geholfen werden.
> → Ihnen konnte geholfen werden. (→ 67)

Der prädikative Nominativ (Gleichsetzungsnominativ)

200 Der prädikative Nominativ ist – wie der Name sagt – ein Prädikativ in Form einer Nominalgruppe im Nominativ. Er bezieht sich immer auf das Subjekt des jeweiligen Satzes oder Teilsatzes und stimmt mit diesem im Kasus überein (→ 187). Anders als das Subjekt gehört er so eng zu den verbalen Teilen des Satzes, dass er bei der Infinitivprobe (→ 197.1) nicht herausfällt:

> Dieser Streich war aber *ein starkes Stück.*
> → *Ein starkes Stück* sein / dieser Streich

In diesem Beispiel ist *ein starkes Stück* prädikativer Nominativ, *dieser Streich* Subjekt.

Zur Bezeichnung Gleichsetzungsnominativ → 214.5.

Der Anredenominativ

201 Der Anredenominativ steht außerhalb von ausgebauten Sätzen (mit Subjekt und finiter Verbform). Es handelt sich um eine eigene **satzwertige Fügung** (→ 238). In der Schrift kommt dies darin zum Ausdruck, dass er vom Kontext mit Ausrufezeichen oder Komma abgetrennt wird.

> *Gisela!* Hilf mir rasch! *Gisela,* hilf mir rasch!
> *Gisela,* kannst du mir rasch helfen?
> Kannst du mir, *Gisela,* rasch helfen?

Nominalgruppen im Akkusativ

Das Akkusativobjekt

202 Das Akkusativobjekt ist gewöhnlich ein Aktant in Form einer Nominalgruppe im Akkusativ. Es lässt sich von den übrigen Satzgliedern im Akkusativ durch eine **Ersatzprobe** (→ 2) abgrenzen: Nur das Akkusativobjekt ist durch ein **Personalpronomen** oder durch ein **Interrogativpronomen** ersetzbar:

> Patrick hat *seine Freundin* mit einem Geschenk überrascht.
> → Patrick hat *sie* mit einem Geschenk überrascht.
> → *Wen* hat Patrick mit einem Geschenk überrascht?

Um Akkusativobjekte handelt es sich demnach auch in den folgenden Fällen:

> Wir haben *den Bericht* ins Reine geschrieben. Die neue Verbindung bildet *eine beträchtliche Abkürzung*. *Einen solchen Wirbel* war die Großmutter nicht mehr gewohnt.

Eher um eine Konvention handelt es sich hingegen, wenn man Nomen in festen Wendungen wie den folgenden als Akkusativobjekt bezeichnet:

> Die Nachbarn erhoben gegen den Neubau *Einspruch*. Die Zuschauer nahmen am Spiel *regen Anteil*. Du solltest ihr *Platz* machen.

203 Das Pronomen *es* erscheint als Akkusativobjekt in zwei ähnlichen Konstruktionen wie als Subjekt (→ 198). Zum einen tritt es in einigen festen Wendungen auf (= unpersönliches *es* als Objekt):

> Die Jugendlichen trieben *es* allzu bunt. Nimmst du *es* mit Christine auf?

Und zum anderen kann das Pronomen als Korrelat auf einen folgenden Nebensatz verweisen:

> Ich habe **es** geschätzt, **dass du mir auch eine Einladung geschickt hast.** Die Anwohner finden **es** bedauerlich, **dass sie vor Beginn der Bauarbeiten nicht informiert worden sind.**

Der prädikative Akkusativ (Gleichsetzungsakkusativ)

204 Der prädikative Akkusativ ist ein Prädikativ in Form einer Nominalgruppe im Akkusativ. Er bezieht sich immer auf ein **Akkusativobjekt** und stimmt mit diesem im Kasus überein (→ 187). Im Gegensatz zum Akkusativobjekt ist der prädikative Akkusativ **nicht** durch ein **Pronomen ersetzbar**. Im folgenden Beispielsatz ist das Akkusativobjekt blau, der prädikative Akkusativ rot gesetzt:

> Die Kleinbürger schimpften **den Künstler** **einen Schmarotzer.**

Zur Bezeichnung Gleichsetzungsakkusativ → 214.5.

Der adverbiale Akkusativ

205 Auch der adverbiale Akkusativ ist **nicht** durch **ein Pronomen ersetzbar**; in Zweifelsfällen mache man daher eine Ersatzprobe.

> Er aß *den ganzen Kuchen.*
> → *Wen (oder was)* aß er? – *Den ganzen Kuchen.*
> → Akkusativobjekt
>
> Er aß *den ganzen Tag.*
> → Unsinnig: *Wen (oder was)* aß er? – *Den ganzen Tag.*
> → Adverbialer Akkusativ

Inhaltlich drückt der adverbiale Akkusativ oft ein (zeitliches, räumliches oder sonstiges) **Maß** aus oder gibt eine **Wiederholung** an.

Nominalgruppe im Dativ: das Dativobjekt

206 Satzglieder, die die Form einer **Nominalgruppe im Dativ** haben, fassen wir unter der Bezeichnung Dativobjekt zusammen.

> Ich sage es morgen *den anderen. Dieser Idee* blieb sie zeit ihres Lebens treu. Statische Elektrizität schadet *diesem Rechner.* Im Winter ist es *den Staren* zu kalt bei uns. *Den Schülern* wurde die Lösung der Rechenaufgabe nicht klar.

Nominalgruppen im Genitiv

Das Genitivobjekt

207 Das Genitivobjekt ist ein Aktant in Form einer Nominalgruppe im Genitiv. Es lässt sich durch ein Pronomen im Genitiv ersetzen:

> Wir konnten uns *des schlechten Eindrucks* nicht erwehren.
> → Wir konnten uns *dessen* nicht erwehren.
> → *Wessen* konnten wir uns nicht erwehren?

Weitere Beispiele:

> Es bedarf *deiner Bitte* nicht. Die Mannschaft war sich *ihres Sieges* sicher. *Dieser Tatsache* war ich mir nicht bewusst. Die Opposition enthielt sich *der Stimme.*

Das Genitivobjekt wird im heutigen Deutsch nur noch selten gebraucht; es gehört fast ausschließlich dem gehobenen Stil an.

Der adverbiale Genitiv

208 Wie der adverbiale Akkusativ kann der adverbiale Genitiv nicht durch ein Pronomen ersetzt werden; er ist daher nicht mit «Wessen?» erfragbar.

> Er trat *raschen Schrittes* in den Raum. Sie war *bester Laune.* Wir werden das noch *eines Tages* erleben. Unsere Mannschaft hat *meines Erachtens* den Sieg verdient.

Inhaltlich drückt der adverbiale Genitiv oft die Art und Weise, einen Zeitpunkt oder die Sprechereinstellung aus.

Das Genitivattribut

209 Das Genitivattribut ist eine Nominalgruppe im Genitiv, die von einem **Nomen** abhängt. Es ist **immer ein Gliedteil,** nie ein eigenständiges Satzglied.

Inhaltlich kann ein Genitivattribut ausdrücken:

1. eine **Zugehörigkeit:**
   Der Hund *der Nachbarn* bellt oft. (Das heißt: Der Hund gehört den *Nachbarn*.)
2. den **Täter,** vor allem bei Nomen, die von einem Verb abgeleitet sind:
   Der Biss *des Hundes* tat weh. (Das heißt: *Der Hund* hat gebissen.)
3. den **Betroffenen,** vor allem bei Nomen, die von einem Verb abgeleitet sind:
   Die Aufzucht *eines Hundes* ist verantwortungsvoll. (Das heißt: Man zieht *einen Hund* auf.)
4. das **Gemessene** nach einer Maßangabe (= partitiver Genitiv):
   Nach einer Stunde *lauten Bellens* war der Hund noch immer nicht heiser.
5. eine **Eigenschaft:**
   An diesen Hund *unseligen Angedenkens* erinnert sich der Briefträger noch oft.
6. eine **Erklärung** zum Kern:
   Der Lärm *des Bellens* gibt oft Anlass zu Reklamationen.

In den Gebrauchsweisen 1 bis 3 steht statt des Genitivattributs oft eine Präpositionalgruppe mit *von*. Dies gilt vor allem, wenn dem Nomen kein dekliniertes Wort vorangeht, das den Kasus anzeigt (zum Beispiel Artikel):

die Aufzucht *von Hunden*

Ähnlich kann in Gebrauchsweise 4 anstelle des Genitivattributs eine Nominalgruppe im gleichen Kasus gewählt werden (Apposition, → 210):

nach einer Stunde *lautem Bellen*

Die Apposition

210 Als Apposition werden Nominalgruppen bezeichnet, die von einem Nomen abhängen und normalerweise von diesem den Kasus übernehmen **(Kongruenz oder Übereinstimmung im Kasus).** Appositionen sind immer **Gliedteile,** nie Satzglieder. Manche Appositionen sind von ihrem Bezugsnomen stimmlich (in geschriebener Sprache: mit Satzzeichen) abgesetzt, man spricht dann von lockeren Appositionen. Stimmlich (bzw. grafisch) nicht abgesetzte Appositionen bezeichnet man als enge Appositionen.

Lockere Apposition:

Waldi, *der Hund der Nachbarn,* nagt an einem Knochen. Susanne spielt mit Waldi, *dem Hund der Nachbarn*. Unsere Katze hasst Waldi, *den Hund der Nachbarn*.

Enge Apposition bei Maßangaben, sogenannte partitive Apposition (stattdessen kann oft auch ein Genitivattribut stehen, ein sogenannter partitiver Genitiv; → 209):

> Auf dem Tisch stand eine Kanne *schwarzer Kaffee* (oder mit Genitiv: eine Kanne *schwarzen Kaffees*). Es gibt eine große Anzahl *günstige Kleidergeschäfte* in unserer Stadt (oder: eine große Anzahl *günstiger Kleidergeschäfte*).

Andere enge Appositionen:

> Die Schäferhündin *Jaga* lässt die Katzen in Ruhe. August *der Starke* war König von Sachsen.

Zur Begründung dieser Satzgliedlehre

211 Die Satzgliedlehre, die in den vorangehenden Abschnitten vorgestellt wird, geht im Kern auf die Arbeiten von Hans Glinz zurück. Sie hat gegenüber der älteren Satzgliedlehre einen entscheidenden Nachteil und einen entscheidenden Vorteil. Der Nachteil liegt darin, dass mehr Satzglieder unterschieden werden; der Vorteil ist, dass die Satzglieder nach einem einheitlichen Verfahren bestimmt werden, nämlich zuerst nach ihrer Form, in einem zweiten Schritt nach ihrer Funktion und schließlich (optional) nach inhaltlichen Gesichtspunkten.

Noch vor nicht allzu langer Zeit war an den meisten Schulen eine andere Satzgliedlehre üblich. Diese Lehre ist – obwohl sie auch im Lateinunterricht eine Rolle spielte (und teilweise immer noch spielt) – keineswegs von ehrwürdigem Alter: Sie geht zurück auf den deutschen Grammatiker Karl Ferdinand Becker (1775–1849), und sie ist von der wissenschaftlichen Grammatik im 19. Jahrhundert heftig angegriffen worden. In den Schulen konnte sie sich dennoch durchsetzen, aber in der Folge traten Schulgrammatik und wissenschaftliche Grammatik auf verhängnisvolle Weise auseinander.

Bei dieser Satzgliedlehre wurden fünf «Satzglieder» unterschieden, nämlich:

1. Subjekt
2. Objekt
3. Prädikat
4. Adverbiale
5. Attribut

212 Diese Begriffe sind tendenziell funktional ausgerichtet. Das ist nicht das Problem – in unserer Grammatik finden sich ähnliche Begriffe, sogar dieselben Termini. Problematisch an der Theorie war vielmehr, dass der funktionale (und der inhaltliche) Gesichtspunkt gegen den formalen ausgespielt wurde. Siehe dazu die kursiv gesetzten Wortgruppen der folgenden zwei Sätze:

> Er betritt *den Raum*.
> Er tritt *in den Raum*.

Im ersten Satz lag der Hauptakzent der Analyse darauf, dass die Wortgruppe im Akkusativ stand (Bezeichnung: Akkusativobjekt), im zweiten darauf, dass eine Ortsangabe vorliegt (Bezeichnung: Adverbiale des Ortes). Das hat – man verzeihe den Vergleich – so viel Systematik, wie wenn man die Gesamtmenge aller Zimmer in viereckige (nach der Form), in Wohn- und Schlafzimmer (nach der Funktion) sowie in möblierte und unmöblierte (nach ihrem Inhalt) einteilte.

Die Schüler wurden mit dem In- bzw. Durcheinander nur fertig, indem sie sich eine Art Algorithmus aneigneten: Zuerst war nach funktionalen Gesichtspunkten das Prädikat zu suchen, dann waren nach sowohl funktionalen wie formalen Gesichtspunkten das Subjekt und die Objekte zu bestimmen; was dann noch übrig blieb, wurde nach inhaltlichen Gesichtspunkten klassifiziert.

213 Wenn in diesem Buch (und in vielen Sprachbüchern) für die Bestimmung der Satzglieder grundsätzlich ein primär formaler Ansatz gewählt worden ist, ist damit nichts gegen die Berechtigung und die Bedeutsamkeit einer inhaltlichen Bestimmung gesagt. Sie sollte nur getrennt von der formalen Bestimmung vorgenommen werden. Wie eine solche Bestimmung aussehen könnte, deutet Absatz 192 an; vgl. außerdem den anschließenden Kommentar in Absatz 193.

214 Wir gehen im folgenden Abschnitt auf einige wichtigere begriffliche und terminologische Entscheidungen der vorliegenden Grammatik näher ein.

1. Bei der formalen Prägung der Satzglieder und der Gliedteile gehen wir von der Wortart des Kerns aus. In der Benennung wird dies daran sichtbar, dass wir von *Nominalgruppen, Adjektivgruppen* usw. sprechen; das Grundmuster der Benennung ist also «*X-Gruppe*». Diese Art Benennung war schon länger üblich bei der *Infinitiv-* und der *Partizipgruppe*.

2. Bei Wortgruppen mit Präpositionen können sowohl die Wortgruppe als Ganzes als auch die von der Präposition abhängige Wortgruppe je für sich benannt werden; Entsprechendes gilt auch für Konjunktionalgruppen:

>   Präpositionalgruppe = **Präposition + abhängige Wortgruppe**
>   Konjunktionalgruppe = **Konjunktion + abhängige Wortgruppe**

Also zum Beispiel (Genaueres → 178–180):

>   Präpositionalgruppe = **Präposition + Nominalgruppe**

Im Unterricht dürfte die Bestimmung der Präpositionalgruppe bzw. Konjunktionalgruppe als Ganzes in den meisten Fällen ausreichen.

3. Die Benennungen lassen sich sowohl auf *Satzglieder* als auch auf *Gliedteile* anwenden. So wird die markierte Wortgruppe in den folgenden zwei Sätzen beide Male als *Adjektivgruppe* bezeichnet:

>   Dieses Zimmer ist **viel zu** *dunkel*.
>   Das ist ein **viel zu** *dunkles* Zimmer.

Im ersten Beispiel ist die Adjektivgruppe Satzglied, im zweiten hingegen Bestandteil einer Nominalgruppe, ein Gliedteil also:

>   Das ist ein **viel zu** *dunkles* Zimmer.

4. Unser Ansatz ermöglicht eine konsequente Klassifikation nach sowohl formalen als auch funktionalen Gesichtspunkten, eine Kreuzklassifikation also. Im Hinblick auf das in der Schule Erforderliche nützen wir dies in der hier vorliegenden Grammatik nur bei den Nominalgruppen aus (→ 194).

5. Mit diesen Überlegungen hängt es auch zusammen, dass wir die Bezeichnungen *prädikativer Nominativ* und *prädikativer Akkusativ* statt *Gleichsetzungsnominativ, Gleichsetzungsakkusativ* verwenden: Die Etikettierung *prädikativ* verweist auf die funktionale Klassifikation (→ 187); sie tritt in gleicher Weise auch beim *prädikativen Adjektiv* auf (→ 188, 124) und könnte im Prinzip auf weitere Wortgruppen ausgedehnt werden. Die Etikettierung *Nominativ* verweist auf die Form; etwas genauer (und umständlicher) müsste man von einer *prädikativen Nominalgruppe im Nominativ* sprechen. Entsprechendes gilt für Etikettierungen wie *adverbialer Akkusativ* (= adverbiale Nominalgruppe im Akkusativ). Im Übrigen kann der Ausdruck Gleichsetzung missverstanden werden, etwa in Sätzen wie: *Hamster sind Nagetiere.* Mit dem prädikativen Nominativ *Nagetiere* werden hier die Hamster nicht den Nagetieren *gleichgesetzt* (es gibt ja noch viele andere Nagetiere), sondern diesen nur *zugeordnet*.

Die Satzformen

215 Die unterschiedlichen Formen der deutschen Sätze lassen sich auf ein gemeinsames *Grundmuster* zurückführen. Es ist geprägt von der sogenannten *Satzklammer*. Diese ist bestimmt für die *verbalen Teile* (oder für unterordnende Konjunktionen; siehe unten). Die *Satzglieder* besetzen das Vor- und das Mittelfeld (zum Nachfeld siehe unten). Es ergibt sich so das folgende Grundmuster:

Vorfeld *linke Satzklammer* Mittelfeld *rechte Satzklammer*

Satzklammer

Vorfeld und linke Satzklammer sind zahlenmäßig festgelegt:
- Vorfeld: genau 1 oder 0. Das heißt: je nach Satzform 1 Satzglied oder keins.
- Linke Satzklammer: genau 1 oder 0. Das heißt: je nach Satzform 1 Wortform (finites Verb oder unterordnende Konjunktion) oder keine.

Ohne Beschränkung:
- Mittelfeld: 0 bis ∞ = beliebige Anzahl Satzglieder (Begrenzung: Verständlichkeit).
- Rechte Satzklammer: 0 bis ∞ = beliebige Anzahl Verbformen (Begrenzung: Verständlichkeit; de facto sind Sätze mit 5 oder mehr Verbformen nicht mehr verständlich).

Nach der Stellung des *finiten Verbs* (der Personalform) kann man drei Satzformen unterscheiden:

1. Sätze mit finitem Verb an *zweiter* Stelle (Verbzweitsatz)
2. Sätze mit finitem Verb an *erster* Stelle (Verberstsatz)
3. Sätze mit finitem Verb an *letzter* Stelle (Verbletztsatz)

Finite Verbform an zweiter Stelle (Verbzweitsatz)

216 Es gibt ein Vorfeld, und die linke Satzklammer ist mit der finiten Verbform (der Personalform) besetzt:

Vorfeld *finite Verbform* Mittelfeld übrige Verbformen

Satzklammer

Beispiele:
Susanne *legt* das Buch auf den Tisch.
Susanne *will* das Buch auf den Tisch legen.
Welches Buch *hätte* Susanne auf den Tisch legen sollen?

Verbzusätze (→ 46) stehen ebenfalls in der rechten Satzklammer:

> Fritzchen *leerte* den Aschenbecher *aus*.
> Der Aschenbecher *fiel* schon wieder *herunter*.

Das Vorfeld ist im Deutschen nicht für das Subjekt reserviert, es können auch andere Satzglieder dort stehen (→ 169):

> Fritzchen *sollte* nicht mit dem vollen Aschenbecher spielen.
> Mit dem vollen Aschenbecher *sollte* Fritzchen nicht spielen.

Finite Verbform an erster Stelle (Verberstsatz)

217 Das Vorfeld ist leer (bzw. ist nicht vorhanden):

Beispiele:

> *Liegt* das Buch auf dem Tisch?
> *Leg* das Buch auf den Tisch!
> *Lass* das Buch auf dem Tisch liegen!

Mit Verbzusatz in der rechten Satzklammer (→ 46, 216):

> *Leer* den Aschenbecher nicht *aus*!

Finite Verbform an letzter Stelle (Verbletztsatz)

218 Sätze mit *finiter Verbform an letzter Stelle* sind gewöhnlich *Nebensätze*. (Es gibt allerdings auch Nebensätze mit finitem Verb an erster und zweiter Stelle; → 247.)

Man kann zwei Unterarten unterscheiden:

Bei der ersten Unterart ist die linke Satzklammer mit einer unterordnenden Konjunktion (Subjunktion) besetzt (→ 141); man spricht dann von einem Konjunktionalnebensatz (→ 243). Das Vorfeld ist leer (bzw. ist nicht vorhanden):

_____ *Konjunktion* Mittelfeld alle Verbformen
           |_____|
                    Satzklammer

Beispiele:

> (Ich ärgere mich, …) *weil* das Buch auf dem Tisch liegt.
> (Ich sehe, …) *dass* Susanne das Buch auf dem Tisch liegen lässt.

219 Bei der zweiten Unterart enthält das Satzglied im Vorfeld ein *Relativpronomen* (= Relativnebensatz) oder ein *Interrogativpronomen* (= Fragenebensatz bzw. Interrogativnebensatz), zuweilen auch ein entsprechendes Adverb (Pronominaladverb). Die linke Satzklammer bleibt leer (bzw. fehlt):

<u>Vorfeld</u> ___ Mittelfeld alle Verbformen
|_____|
Satzklammer

Beispiele:

(Ich brauche das Buch, …) <u>das</u> _ Susanne auf den Tisch legt.
(Das ist das Buch, …) <u>auf dessen letzter Seite</u> _ ich das Zitat fand.
(Ich frage mich, …) <u>worauf</u> _ Susanne das Buch legen will.

Infinite Verbalphrasen (Infinitiv- und Partizipphrasen)

220 Fügungen mit einer infiniten Verbform als Kern (Infinitiv- und Partizipgruppen) weisen gewöhnlich weder ein Vorfeld noch eine linke Satzklammer auf:

Mittelfeld infinite Verbform(en)

Beispiele:

Flasche vor Gebrauch schütteln!
Unsanft aus ihren Träumen gerissen, … (schaute Anna auf die Uhr.)

Es gibt immerhin Konstruktionen mit einer unterordnenden Konjunktion in der linken Satzklammer. Das Vorfeld ist leer (bzw. ist nicht vorhanden):

_____ *Konjunktion* Mittelfeld infinite Verbform(en)
|_____|
Satzklammer

Beispiele:

Ohne auf den Verkehr zu achten, … (rannte Otto über die Straße.)
Obwohl noch ganz verschlafen, … (dachte Anna an ihren Termin.)

Die Ausklammerung ins Nachfeld

221 Zuweilen werden Satzglieder nachgestellt; sie kommen dann hinter die rechte Satzklammer zu stehen. Man spricht hier deshalb von Ausklammerung, bei der Satzgliedstelle nach der rechten Satzklammer von Nachfeld.

<u>Vorfeld</u> *linke Satzklammer* Mittelfeld *rechte Satzklammer* <u>Nachfeld</u>
|_____|
Satzklammer

Mit finiter Verbform an zweiter Stelle:

    Normale Stellung: Erstaunt *sah* sie sich in der Gegend um.
    Ausgeklammert: Erstaunt *sah* sie sich um in der Gegend.

Mit finiter Verbform an letzter Stelle:

    Normale Stellung: *Als* er endlich mit der Arbeit begann, …
    Ausgeklammert: *Als* er endlich begann mit der Arbeit, …

Besonderheiten

222 Beiordnende Konjunktionen können noch vor dem ersten Satzglied stehen:

    Und Fritzchen *will* schon wieder mit dem Aschenbecher spielen.
    Aber Großvater *raucht* trotzdem seine Zigarren.

Entsprechend bei Sätzen mit anderer Verbstellung:

    Doch als Fritzchen schon wieder den Aschenbecher ausleerte, …
    Und vergiss den Zettel nicht!

223 Die übliche Reihenfolge der Prädikatsteile wird durchbrochen, wenn zwei oder mehr *Infinitive* (auch *Ersatzinfinitive;* → 45) zusammenkommen. Die Prädikatsteile mit besonderer Stellung sind unterstrichen. Mit finiter Verbform an zweiter Stelle:

    Sie *wird* gestern nicht <u>haben</u> kommen können.
    Sie *wird* den Hund <u>haben</u> bellen hören.
    (Aber mit Partizip II:) Sie *wird* den Hund bellen gehört <u>haben</u>.

Mit finiter Verbform am Satzende:

    …*weil* er nicht <u>hat</u> kommen können.
    …*weil* sie den Hund nicht <u>hat</u> bellen hören
    (Aber mit Partizip II:) …*weil* sie den Hund nicht bellen gehört <u>hat</u>.

    …*weil* sie den Hund nicht <u>wird</u> haben bellen hören.
    (Aber mit Partizip II:) …*weil* sie den Hund nicht bellen gehört <u>haben wird</u>.

Satz- und Äußerungsarten

224 Wenn man sich in menschlicher Rede äußert, will man etwas bewirken. Man will zum Beispiel etwas feststellen, etwas versprechen, etwas bestreiten; man will Verwunderung ausdrücken, protestieren oder fragen usw. Es lassen sich viele und sehr differenzierte **Äußerungsarten** unterscheiden: Aussagen, Versprechungen, Drohungen, Ratschläge, Vermutungen, Fragen, Befehle, Warnungen, Hinweise usw.

225 Mit den Äußerungsarten sind zunächst einmal Grundtypen menschlicher Rede gemeint, noch nicht Sätze. Man kann aber nun danach fragen, welche Zusammenhänge zwischen den Äußerungsarten und der Form der Sätze bestehen, die den Äußerungen zugrunde liegen. Als besonders wichtig hat sich die Satzform erwiesen (→ 215), daneben wird auch auf die Intonation und auf besondere Aussageweisen (Modi) geachtet, etwa auf den Imperativ (→ 55–63).

226 Auf dieser Grundlage lassen sich nun **Satzarten** ansetzen. Sie sind definiert zum einen durch die Äußerungsart, in der sie normalerweise auftreten (siehe dazu auch → 232), zum anderen durch eine typische Kombination der genannten grammatischen Merkmale (beides in einer gewissen Bandbreite). Wir gehen von der folgenden Einteilung aus:

    1. Aussagesatz (Deklarativsatz)
    2. Fragesatz (Interrogativsatz)
    3. Ausrufesatz (Exklamativsatz)
    4. Aufforderungssatz
    5. Wunschsatz (Desiderativsatz)

Aussagesätze (Deklarativsätze)

227 Eine Aussage ist idealerweise eine Äußerung, bei der eine Bewertung über Richtig und Falsch möglich ist. Entsprechende Sätze haben gewöhnlich die Form eines Verbzweitsatzes (→ 216), das heißt, die finite Verbform (Personalform) steht nach dem einleitenden Satzglied:

> Otto kauft ausschließlich beim Fachhändler ein. (Wer Otto kennt, weiß, ob die Aussage zutrifft oder nicht.)
>
> Sie fuhr mit dem Bus zum Flughafen. Öl ist leichter als Wasser. Bei gutem Wetter sähe man von hier aus den Mont Blanc.

Der Begriff des Aussagesatzes wird allerdings oft sehr gedehnt und schließt dann auch Äußerungen wie Vermutungen, Drohungen, Versprechen oder Absichtserklärungen mit ein, bei denen eine Beurteilung über Richtig oder Falsch nicht ohne Weiteres möglich ist.

Fragesätze (Interrogativsätze)

228 Sätze, mit denen man Fragen stellt, bezeichnet man als Frage- oder Interrogativsätze. Es gibt mehrere Unterarten von Fragen (und damit auch von Fragesätzen); am wichtigsten ist die Differenzierung zwischen Entscheidungs- und Ergänzungsfragen.

1. Auf einfache **Entscheidungsfragen** erwartet man ein Ja oder ein Nein. Sätze dieser Art haben gewöhnlich die Form eines Verberstsatzes, das heißt, die finite Verbform (Personalform) steht an erster Stelle (→ 217):

>Kommst du mit? Benützt du die Bahn? Ist Aluminium eigentlich brennbar?

Die **Alternativfrage** kann als eine Variante der Entscheidungsfrage angesehen werden. Es wird erwartet, dass sich der Gesprächspartner für eine der angebotenen Möglichkeiten entscheidet:

>Kommst du nun mit oder nicht?

>Benützt du die Bahn oder das Auto? (Die fragende Person erwartet als Antwort «Die Bahn!» oder «Das Auto!»; aber selbstverständlich ist als Antwort auch möglich: «Weder – noch, ich benütze…!»)

2. Bei der **Ergänzungsfrage** soll eine Wissenslücke gefüllt werden. Sätze dieser Art sind gewöhnlich Verbzweitsätze, die finite Verbform (Personalform) steht also an zweiter Stelle. Davor steht das Satzglied, das den Gegenstand der Frage bildet. Es enthält ein Interrogativpronomen (→ 107) bzw. ein interrogatives Pronominaladverb (→ 145, 146):

>Wen bringst du mit? Mit welchem Zug kommt ihr an? Wann kommst du?

Es gibt noch weitere Arten von Fragesätzen, sowohl was die genaue Art der Äußerung als auch was die Form betrifft; siehe dazu die folgenden Beispiele:

>Du hast wen getroffen? Ob sie wohl mit der Bahn kommt? Warum nicht die Bahn nehmen?

Ausrufesätze (Exklamativsätze)

229 Es gibt mehrere Varianten von Ausrufesätzen. Häufig sind diejenigen, mit denen man sein Erstaunen oder Bewundern zum Ausdruck bringt. Sie sind eigentlich Aussagesätze, die mit **Nachdruck** geäußert werden (darum in geschriebener Sprache die Markierung mit Ausrufezeichen). Es treten unterschiedliche Satzformen (→ 215) auf:

>Du bist aber groß geworden! Bist du groß geworden! Und ob du groß geworden bist!

Wenn der hohe Grad oder die besondere Art betont werden soll, finden sich Sätze, die Ergänzungsfragesätzen gleichen (→ 228), sich von diesen aber in der Intonation unterscheiden. Außerdem erwartet der Sprecher keine Antwort:

>Wie groß bist du geworden! (= Du bist ja so groß geworden!) Wie groß du geworden bist! Was bist du groß geworden!

>Wen Otto wieder alles eingeladen hat! (= Ich wundere mich, dass Otto wieder solche Leute eingeladen hat.)

Aufforderungssätze

230 Eigentlich gibt es keine eigenständige Satzart «Aufforderungssatz». Das heißt, Träger der Äußerungsart «Aufforderung» können Satzformen unterschiedlichster Art übernehmen (siehe dazu auch → 232):

>Du solltest das Fenster schließen, bitte.
>Schließ das Fenster, bitte!
>Bitte Fenster schließen.

Eine Unterart ist immerhin durch einen besonderen Modus charakterisiert: den Imperativ. Man spricht hier daher von **Imperativ-** oder **Befehlssätzen.** Was die Satzform betrifft, so handelt es sich meist um Verberstsätze, das heißt, die finite Verbform (Personalform) steht an der Spitze (→ 217):

>Gib mir das Geld! Hören wir damit auf! Macht euch keine Sorgen!

Wunschsätze (Desiderativsätze)

231 Ähnlich wie beim Aufforderungssatz kann Sätzen der Äußerungsart «Wunsch» keine bestimmte Satzform zugeordnet werden:

>Hätte ich doch etwas mehr Zeit! Wenn ich nur etwas mehr Zeit hätte!

Außerdem ist eine klare Abgrenzung von den Ausrufe- und den Aufforderungssätzen oft nicht möglich.

Äußerungen und Äußerungsabsicht

232 In den vorangehenden Abschnitten sind wir unausgesprochen davon ausgegangen, dass Äußerungsarten und Äußerungsabsichten einander entsprechen. Das heißt, wenn ich eine Frage stellen will (= Äußerungsabsicht), äußere ich auch eine Frage (= Äußerungsart) und bilde deshalb einen Fragesatz (= Satzart). Das ist aber nicht immer der Fall. Vor allem, wenn man Gespräche analysieren will, muss man daher zwischen Äußerungsart und Äußerungsabsicht unterscheiden.

Beispiel 1:

(X sagt:) *Ich brauche dein Auto.*

Von der Äußerungsart her liegt hier eine Aussage und damit ein Aussagesatz (Deklarativsatz) vor. Hinter dieser Äußerung können allerdings mehrere Äußerungsabsichten stecken:

— Neutrale Aussage, möglicher Ersatz:
Ich bin auf dein Auto angewiesen.
— Aufforderung, möglicher Ersatz (Satzart: Imperativsatz):
Leih mir bitte dein Auto!

Beispiel 2:

Kannst du mir denn Auskunft geben?

Von der Äußerungsart her liegt eine Entscheidungsfrage vor. Auch hinter dieser Äußerung können aber mehrere Absichten stecken, nicht nur diejenige einer Bitte um Auskunft:

— Emotional geprägte Aussage, möglicher Ersatz (Satzart: Ausrufesatz):
Du kannst mir ja nicht einmal Auskunft geben!
(Bei dieser Lesart des Ausgangssatzes spricht man oft von «rhetorischen Fragen».)
— Neutrale Entscheidungsfrage, auf die wirklich ein Ja oder ein Nein als Antwort erwartet wird. Möglicher Ersatz:
Verfügst du über das nötige Wissen, um mir Auskunft geben zu können?
— Aufforderung, möglicher Ersatz (Satzart: Imperativsatz):
Gib mir bitte Auskunft!

Beispiel 3:

Wenn man die Perspektive wechselt und von der Äußerungsabsicht ausgeht, so erkennt man, dass beispielsweise für die Äußerungsabsicht «Befehl» keineswegs nur Sätze der Äußerungsart «Befehl» bzw. die Satzart «Imperativsatz» in Frage kommen:

Geht jetzt bitte ins Bett.
Könntet ihr jetzt ins Bett gehen?
Ihr geht jetzt ins Bett!
Dass ihr mir jetzt ja ins Bett geht!
Jetzt wird aber ins Bett gegangen!
Ins Bett gehen!
Ab ins Bett!

Einfache und zusammengesetzte Sätze

Hauptsatz und Nebensatz

233 Sätze können unterschiedlich komplex aufgebaut sein. Es gibt sehr einfache Gebilde:

> Komm! Es regnet. Morgen arbeite ich in der Stadt. Fährst du auch weg?

Sätze wie diese enthalten grundsätzlich nur *eine* finite Verbform (Personalform). Mit dieser hängen dann direkt oder indirekt alle weiteren Einheiten des Satzes zusammen. Wir nennen solche Sätze **einfache Sätze.**

Sätze können aber auch sehr komplex sein:

> Über El Salvador wehen weiße Fahnen, Blumen schmücken die Häuser, die Kinder spielen auf den Straßen, auf denen noch kurz zuvor gekämpft wurde.

Auch das ist ein «Satz», und dieser Satz – so kann man sagen – besteht seinerseits aus «Sätzen» – wir nennen sie Teilsätze (→ 158). Das Gesamtgebilde bezeichnen wir als **zusammengesetzten Satz.**

Einfache und zusammengesetzte Sätze fasst man unter der Bezeichnung **Ganzsatz** zusammen.

234 Teilsätze innerhalb eines zusammengesetzten Satzes können fester ineinander verfugt sein, so dass nicht jeder für sich allein stehen könnte. In solchen Fällen ist gewöhnlich mindestens ein Teilsatz einem andern grammatisch untergeordnet. Untergeordnete Teilsätze nennt man **Nebensätze,** alle übrigen **Hauptsätze.** Die Verbindung eines Hauptsatzes mit seinen Nebensätzen nennt man ein **Satzgefüge.** Ein Beispiel findet sich im zweiten Teil des oben herangezogenen Beispiels:

> Die Kinder spielen auf den Straßen, auf denen noch kurz zuvor gekämpft wurde.
>
> Hauptsatz: Die Kinder spielen auf den Straßen…
> Nebensatz: …auf denen noch kurz zuvor gekämpft wurde.

Zum Verhältnis zwischen Haupt- und Nebensätzen → 240–285.

235 Wenn ein zusammengesetzter Satz **mehrere Hauptsätze** enthält, spricht man von einer **Satzverbindung.** Die Hauptsätze stehen dann im gleichen Rang nebeneinander; sie könnten (allenfalls zusammen mit ihren Nebensätzen) auch für sich allein stehen. Der schon oben gezeigte Satz ist auch ein Beispiel für eine Satzverbindung: Die ersten drei Teilsätze sind Hauptsätze, die zusammen eine Satzverbindung bilden. Der dritte hat, wie im vorangehenden Absatz angesprochen (→ 234), noch einen Nebensatz bei sich.

> <u>Über El Salvador wehen weiße Fahnen</u>, <u>Blumen schmücken die Häuser</u>, <u>die Kinder spielen auf den Straßen</u>, auf denen noch kurz zuvor gekämpft wurde.

Entsprechend lässt sich der Satz umformen:

<u>Über El Salvador wehen weiße Fahnen</u>. <u>Blumen schmücken die Häuser</u>. <u>Die Kinder spielen auf den Straßen,</u> auf denen noch kurz zuvor gekämpft wurde.

236 Wenn in zwei (oder mehr) einfachen Sätzen bzw. in Teilsätzen ein Element mehrfach vorkommt, werden sie oft so zusammengezogen, dass es nur noch einmal gesetzt werden muss. In solchen Fällen spricht man von **zusammengezogenen Sätzen** (bzw. je nachdem genauer von zusammengezogenen Teilsätzen, zusammengezogenen Hauptsätzen, zusammengezogenen Nebensätzen).

Auf den Straßen bewegen sich Trauben von Menschen, und **auf den Straßen** spielen wieder die Kinder. → **Auf den Straßen** bewegen sich Trauben von Menschen und [ ] spielen wieder die Kinder.

Sie ahnt, **dass sie** Unrecht hat und **dass sie** ihre Meinung ändern muss.
→ Sie ahnt, **dass** sie Unrecht hat und [ ] ihre Meinung ändern muss.

237 Zusammenfassende Übersicht:

Satzwertige Fügungen und Ellipsen

238 In den vorangehenden Abschnitten sind nur Sätze und Teilsätze behandelt worden, die eine finite Verbform (Personalform) als Kern enthalten. Es gibt jedoch Fügungen, die funktional Sätzen gleichkommen, aber keine finite Verbform aufweisen. Man spricht dann von satzwertigen Fügungen oder Satzäquivalenten. (Gegebenenfalls kann man noch präzisieren und zwischen haupt- und nebensatzwertigen Fügungen bzw. zwischen Haupsatz- und Nebensatzäquivalenten unterscheiden.)

Zu den satzwertigen Fügungen zählen Interjektionen (→ 143) und Anredenominative (→ 201):

Hallo! Nein! Petra! Danke! Hinaus mit euch!

Manche satzwertigen Fügungen lassen sich als Verkürzungen umfangreicherer Sätze, als sogenannte **Ellipsen** (Satzfragmente), auffassen:

Was nun? Wie bitte? Möglich, dass sie noch kommen. Wir wissen nicht, *wie weiter.*

Als satzwertige Fügungen lassen sich auch bestimmte Infinitiv- und Partizipgruppen auffassen; man bezeichnet sie dann als satzwertige Infinitiv- bzw. Partizipgruppen. Da sie Nebensätzen entsprechen, könnte man sie auch genauer als nebensatzwertige Fügungen bezeichnen. Siehe dazu genauer → 248–249 und → 267–285:

Satzgefüge mit einer Infinitivgruppe: Beatrice versprach(,) *wieder einmal vorbeizukommen.* (Mit einem Nebensatz, der eine finite Verbform enthält: Beatrice versprach, *dass sie wieder einmal vorbeikomme.*)

Satzgefüge mit einer Partizipgruppe: *Vom hellen Licht geblendet(,)* blieb das Reh mitten auf der Straße stehen. (Mit einem Nebensatz, der eine finite Verbform enthält: *Da es vom hellen Licht geblendet war,* blieb das Reh mitten auf der Straße stehen.)

Parenthesen

239 Als **Parenthesen** oder **Schaltsätze** bezeichnet man selbstständige Sätze (also Hauptsätze), die in einen andern Satz eingeschoben (eingeschaltet) sind:

Diese Platte – *ich finde sie einen grässlichen Ohrwurm* – ist nun an der Spitze der Hitparade. Wir haben uns doch letzthin – *war es nicht am Sonntag?* – darüber unterhalten. Schließlich meinte er verlegen *(er rieb sich die Hände dabei)*: «Am besten vergessen wir die Sache!»

Als Parenthesen treten auch satzwertige Fügungen auf (→ 238):

Diese Idee – *meines Erachtens ein bestechender Vorschlag!* – müssen wir unbedingt weiterverfolgen. Sie ist, *nehme ich an,* beim ersten Mal durchgekommen.

Die Nebensätze im Einzelnen

240 Die nachstehenden Ausführungen befassen sich mit dem Satzgefüge, genauer mit den Beziehungen der Nebensätze zum jeweiligen übergeordneten Satz (→ 234). Wo sich verwandte Beziehungen auch zwischen gleichrangigen Teilsätzen, also in der Satzverbindung (→ 235), ausmachen, wird dies von Fall zu Fall ebenfalls angesprochen.

Die Einteilung der Nebensätze

241 Nebensätze lassen sich wie Satzglieder oder Gliedteile nach formalen, funktionalen und inhaltlichen Gesichtspunkten bestimmen.

Die Form der Nebensätze

242 Nebensätze lassen sich formal nach ihren **Einleitewörtern** und nach der **Stellung der finiten Verbform** (Personalform) bestimmen:

Ausgebildete Nebensätze mit finiter Verbform:

1. **Konjunktionalsätze** (Konjunktionalnebensätze) werden mit einer Konjunktion eingeleitet; das finite Verb steht gewöhnlich am Ende (Verbletztsatz, → 218).
2. **Pronominalsätze** (Pronominalnebensätze): Nebensätze, die mit gewissen Pronomen oder Pronominaladverbien eingeleitet werden; das finite Verb steht immer am Ende (→ 219).
3. **uneingeleitete Nebensätze:** Nebensätze ohne besonderes Einleitewort. Das finite Verb steht je nachdem an zweiter oder an erster Stelle (→ 216, 217).

Satzwertige Fügungen ohne finite Verbform:

4. **satzwertige Infinitivgruppen** (Infinitivsätze)
5. **satzwertige Partizipgruppen** (Partizipsätze) sowie satzwertige Adjektivgruppen

Konjunktionalsätze

243 Die **Konjunktionalnebensätze** oder kurz **Konjunktionalsätze** werden von einer unterordnenden Konjunktion eingeleitet (→ 141). Die finite Verbform (Personalform) steht am Ende des Nebensatzes (→ 218):

Wenn sich am Nachmittag der Nebel **auflöst,** fahren wir. Ich bin der Meinung, *dass* das eine gute Lösung *ist.* Ich zweifle, *ob das eine gute Lösung ist.*

Einzig bei vergleichenden Nebensätzen mit *als* (in der Bedeutung von *als ob* oder *wie wenn*) folgt die finite Verbform unmittelbar auf die Konjunktion:

Ihm war, *als schwankte* der Boden unter seinen Füßen. (= Ihm war, *als ob / wie wenn* der Boden unter seinen Füßen **schwankte.**)

Pronominalsätze

244 Unter dem formalen Begriff **Pronominalnebensatz** oder kurz **Pronominalsatz** fassen wir Nebensätze zusammen, die von einer Gruppe typischer Pronomen und Pronominaladverbien (→ 145) eingeleitet werden:

Relativpronomen (und entsprechende Pronominaladverbien)

der, die, das
welcher, welche, welches
wer, was
wie, wo, warum, worauf, wobei, womit, worüber …
wann
was für ein

Interrogativpronomen (und entsprechende Pronominaladverbien)

Der Unterscheidung von Relativ- und Interrogativpronomen (bzw. von relativen und interrogativen Pronominaladverbien) und damit von Relativnebensätzen und von Fragenebensätzen liegen inhaltliche Überlegungen zugrunde; Näheres siehe → 254 und 264–266.

245 Die finite Verbform (Personalform) steht in Pronominalsätzen immer am Schluss (→ 219):

Den Preis erhält der Teilnehmer, *der als Erster die volle Punktzahl erreicht* **hat**. Das ist die Stelle, ***wo*** (= ***an der***) *wir uns zum ersten Mal getroffen* **haben**. Ich bin nicht sicher, ***wer*** *dafür zu gewinnen* **ist**. Jedermann wundert sich, ***weshalb*** *sie so plötzlich verschwunden* **ist**.

246 Der relativ neue Begriff des Pronominalsatzes hat den Vorteil, dass er sich konsequent an der *Form* der Nebensätze orientiert. Man kann dann in einem zweiten Schritt funktional differenzieren und zwischen Relativ- und Fragenebensätzen unterscheiden. (Daneben gibt es Fragenebensätze, die mit der Konjunktion *ob* eingeleitet werden, also zu den Konjunktionalnebensätzen gehören; → 264–266.)

Die traditionelle Einteilung der Nebensätze in der Schule ist:

1. Konjunktionalnebensätze
2. Relativnebensätze
3. Interrogativnebensätze (Fragenebensätze, indirekte Fragesätze)
4. uneingeleitete Nebensätze
5. Infinitivsätze
6. Partizipsätze

Diese Einteilung hat den Nachteil, dass sie formale und inhaltliche Gesichtspunkte vermengt: Die Unterscheidung von Relativ- und Interrogativnebensätzen ist keine formale, sondern eine inhaltliche Unterscheidung (vgl. → 264–266, insbesondere Tabelle → 266). (Zur Trennung von formalen, funktionalen und inhaltlichen Gesichtspunkten in der Grammatik vgl. auch das Vorwort sowie → 25–28 und → 213–214.)

In den meisten Sprachbüchern ist aus praktischen Gründen an der traditionellen Einteilung festgehalten worden. So entspricht sie beispielsweise weitgehend der im Französisch- und Englischunterricht noch üblichen Systematik.

Uneingeleitete Nebensätze

247 **Uneingeleitete Nebensätze** werden weder von einer Konjunktion noch von einem Pronomen oder Pronominaladverb eingeleitet.

Uneingeleitete Nebensätze mit dem finiten Verb an **erster** Stelle lassen sich meist durch wenn-Sätze austauschen:

> **Kommt** *sie heute nicht,* kommt sie morgen. (= Wenn sie heute nicht kommt, kommt sie morgen.) **Ist** *der eine zu wenig schön,* hat der andere zu wenig Geld. **Sieht** *man sich das Angebot aber etwas genauer an*, so erscheint es einem plötzlich unseriös.

Uneingeleitete Nebensätze mit dem finiten Verb an **zweiter** Stelle lassen sich durch dass-Sätze ersetzen:

> Sie behauptete, *sie sei getäuscht worden.* (= Sie behauptete, dass sie getäuscht worden sei.) Ich nehme an, *Sie stimmen mir alle zu.*

Satzwertige Infinitivgruppen (Infinitivsätze)

248 Infinitivgruppen können Nebensätzen nahekommen. Man bezeichnet sie dann als satzwertig (genauer wäre: nebensatzwertig; → 238) oder auch als Infinitivsätze. Bei satzwertigen Infinitivgruppen hat der Infinitiv immer die **Partikel zu** bei sich (→ 42) und steht gewöhnlich am Ende der Infinitivgruppe (vgl. auch → 220). Teilweise werden Infinitivgruppen von Konjunktionen eingeleitet wie *um, ohne* (→ 142, 220).

> Er behauptete(,) *getäuscht worden zu sein.* Sie las friedlich in ihrem Buch, *ohne sich vom Lärm stören zu lassen.* Einen Garten mit Gemüse und Beeren richtig *zu pflegen(,)* bedeutet viel Arbeit.

Infinitivgruppen ohne die Partikel *zu* gelten nicht als satzwertig; man setzt daher kein Komma:

> *Einen Garten mit Gemüse und Beeren richtig pflegen* bedeutet viel Arbeit.

Nicht als satzwertig gelten Infinitivgruppen auch in Verbindung mit modifizierenden Verben (→ 36):

> Sie scheint *den Termin vergessen zu haben.*

Sätze dieser Art bestimmt man am besten als einfache Sätze mit mehreren verbalen Teilen (→ 162).

Satzwertige Partizip- und Adjektivgruppen (Partizip- und Adjektivsätze)

249 Wenn Partizipgruppen einem Nebensatz nahe kommen, spricht man von **satzwertigen Partizipgruppen** oder Partizipsätzen. Das Partizip steht meist am Anfang oder am Ende der Partizipgruppe:

> *Von allem tief enttäuscht(,)* verfiel er immer mehr in depressive Zustände. *Herzlich Beifall klatschend(,)* verabschiedete sich das Publikum vom Ensemble. Nach dem Lawinenniedergang mussten wir(,) *abgeschnitten vom Rest der Welt(,)* vier Tage in der Alphütte ausharren.

In ähnlicher Weise können auch Adjektivgruppen als (neben-)satzwertig aufgefasst werden; man kann dann von **satzwertigen Adjektivgruppen** sprechen. Das Adjektiv steht meist am Anfang oder am Ende der Adjektivgruppe:

> Sie ging(,) *mit sich und der Welt* **zufrieden**(,) schon um neun Uhr zu Bett.
> **Hungrig** *nach Gold und andern Schätzen*(,) zerstörten die Spanier die indianischen Kulturen Mittelamerikas.

Partizip- und Adjektivgruppen können aber auch als gewöhnliche Satzglieder oder Gliedteile auftreten (→ 176), sie sind dann nicht satzwertig:

> Nach dem Lawinenniedergang blieben wir drei Tage *vom Rest der Welt* **abgeschnitten**. Der *von allem tief* **enttäuschte** Künstler verfiel immer mehr in depressive Zustände. Sie war *mit sich und der Welt* **zufrieden**.

Die Funktion der Nebensätze

250 Die meisten Nebensätze erfüllen gegenüber dem übergeordneten Satz eine Funktion, die auch Satzglieder oder Gliedteile leisten. Man kann daher solche Nebensätze nach der Funktion der gleichwertigen Satzglieder näher bestimmen. Dies ergibt die folgende Einteilung:

1. Gliedsätze (= Funktion eines Satzgliedes)
   - Subjektsatz
   - Objektsatz
   - Prädikativsatz
   - Adverbialsatz

2. Gliedteilsatz (= Funktion eines Gliedteils)

3. sonstige Nebensätze (→ 252)

251 Zur Bestimmung der Funktion der Nebensätze (oder überhaupt zur Feststellung, ob ein Nebensatz vorliegt oder nicht) kann man eine Ersatzprobe machen: Man ersetzt den fraglichen Teilsatz durch ein einfaches Wort, nämlich ein Pronomen oder ein Adverb. Man kann dann den Satzgliedwert oder Gliedteilwert dieses Wortes bestimmen (→ 13).

> Mir fällt auf, **dass Melanie oft krank ist.**
> → Mir fällt **das** auf. (**Wer oder was** fällt auf?)
> → Subjektsatz
>
> **Ob Jana den Zettel gefunden hat,** kann ich dir nicht sagen.
> → **Das** (= Akkusativobjekt) kann ich dir nicht sagen. (**Wen oder was** kann ich dir nicht sagen?)
> → Objektsatz
>
> Max ist, **was man landläufig ein Ekel nennt.**
> → Max ist **das** (= prädikativer Nominativ).
> → Prädikativsatz

Wenn ein starker Wind weht, fällt die Zirkusvorstellung aus.
→ **Dann** (= Adverbiale) fällt die Zirkusvorstellung aus.
→ Adverbialsatz

Das ist ein Anzug, **der auch beleibteren Herren passt.**
→ Das ist ein **solcher** Anzug.
→ Gliedteilsatz (Attributsatz)

252 Es gibt aber durchaus Nebensätze, bei denen die Ersatzprobe nicht wirklich anwendbar ist, so dass sich kein Satzglied- oder Gliedteilwert ausmachen lässt:

Wer auch immer anruft, ich bin im Moment nicht ansprechbar. Die Arbeit konnte nicht termingerecht erledigt werden, *womit man allerdings hat rechnen müssen.* Der Bericht ist noch nicht eingetroffen, *so dass der Entscheid vertagt werden muss.* Er ist, *wenn ich so sagen darf*, ein Lump.

Zum Inhalt der Nebensätze

253 In dieser Grammatik legen wir das Schwergewicht auf die inhaltliche Interpretation der Nebensätze. Wir grenzen zunächst die Relativsätze von den übrigen Nebensätzen ab. Bei den verbleibenden Nebensätzen unterscheiden wir zwischen Inhaltssätzen und Verhältnissätzen. Dies führt zur folgenden Einteilung:

1. Relativsätze
2. Inhaltssätze
3. Verhältnissätze

Satzgefüge mit Relativsätzen

254 **Relativnebensätze** oder kurz **Relativsätze** haben die Form von Pronominalsätzen (→ 244). Die Besonderheit der Relativsätze liegt darin, dass sich das nebensatzeinleitende Pronomen bzw. Pronominaladverb auf eine Stelle bezieht, die im übergeordneten Satz besetzt oder zumindest angelegt ist.

Anna kaufte nur das, was sie wirklich brauchte.

Anna kaufte nur [ ], was sie wirklich brauchte.

Es gibt aber auch Relativsätze, die sich auf den gesamten vorangehenden Satz beziehen:

Anna hat nichts mitgebracht, was uns ziemlich erstaunte.

255 Pronomen, die einen Relativsatz eröffnen können, nennt man Relativpronomen. Daneben gibt es auch relative Pronominaladverbien.

Relativpronomen (→ 110, 244):

der, die, das
welcher, welche, welches
wer, was

Relative Pronominaladverbien (→ 145–146, 244):

wie, wo, woher, wohin, womit, wofür, woran, worüber …

Weitere Beispiele für Relativsätze (vgl. auch → 110):

Mein Freund, der den Sachverhalt kennt, ist anderer Meinung.

Das ist die Kollegin, von deren Schwester ich den wertvollen Hinweis bekommen habe.

256 Sätze mit relativen Pronominaladverbien lassen sich oft in solche mit einem Relativpronomen umformen (und umgekehrt):

Ich traf sie im Restaurant, in dem wir verabredet waren.

Ich traf sie im Restaurant, wo wir verabredet waren.

Auch in temporaler Lesart:

Das war zu einer Zeit, **wo** noch niemand etwas von den Möglichkeiten der Elektronik ahnte. ↔ Das war zu einer Zeit, **in der** noch niemand etwas von den Möglichkeiten der Elektronik ahnte.

257 Satzgefüge mit Relativsätzen lassen sich oft in Satzverbindungen oder in Konstruktionen mit einer Parenthese (→ 238) umformen:

Satzgefüge mit Relativsatz	Satzverbindung oder Konstruktion mit Parenthese
Sie arbeitete sorgfältig, *wie man es ihr gezeigt hatte*.	Sie arbeitete sorgfältig: *so hatte man es ihr gezeigt*.
Mein Freund, *der den Sachverhalt genau kennt*, ist anderer Meinung.	Mein Freund – *er kennt den Sachverhalt genau* – ist anderer Meinung.

258 Partizipgruppen leisten oft dasselbe wie Relativsätze (Umformungsprobe; → 12):

Diese Krawatte, *passend zu jedem Anzug*, ist aus Seide. (Umformung in einen Relativsatz: Diese Krawatte, *die zu jedem Anzug passt*, ist aus Seide.)

Satzgefüge mit Inhaltssätzen

259 Unter der Bezeichnung **Inhaltssatz** fasst man Subjekt- und Objektsätze (→ 250, 251) zusammen, und zwar unter Ausschluss der Relativsätze (→ 253, 254):

> *Dass Anna nicht kommen kann,* steht leider fest.
> Otto hat bestätigt, *dass Anna nicht kommen kann.*

Außerdem stellt man verwandte Gliedteilsätze (Attributsätze; → 250, 251) hierher:

> Die Bestätigung, *dass Anna nicht kommen kann,* machte mich traurig.

Zur Form der Inhaltssätze

260 Nach ihren formalen Eigenschaften kann man die Inhaltssätze grob in zwei Gruppen unterteilen:

1. Typisch für Inhaltssätze sind Konjunktionalsätze (→ 218, 243) mit *dass*. Je nach dem Verb im übergeordneten Satz sind auch uneingeleitete Nebensätze mit finiter Verbform (Personalform) an zweiter Stelle (→ 247) oder satzwertige Infinitivgruppen (→ 220, 248) möglich:

> Er behauptete, *dass er den Betrag schon vor zehn Tagen eingezahlt habe.*
> Er behauptete, *er habe den Betrag schon vor zehn Tagen eingezahlt.*
> Er behauptete, *den Betrag schon vor zehn Tagen eingezahlt zu haben.*

2. Bei der zweiten Gruppe handelt es sich um Pronominalsätze (→ 244), deren einleitendes Pronomen bzw. Pronominaladverb fragende oder unbestimmte Bedeutung hat. Pronomen dieser Art sind *wer/was, welcher, was für ein* (→ 107, 244); entsprechende Pronominaladverbien sind *wo, wann, wie, warum, wozu, worüber* usw. (→ 145/146, 244).

> Anna fragte sich, *wen sie alles einladen sollte.*
> Anna fragte sich, *bis wann das Fest dauern sollte.*

In den gleichen Kontexten können meist auch Konjunktionalsätze mit *ob* auftreten:

> Anna fragte sich, *ob sie Isabelle nicht doch hätte einladen sollen.*

Zur Bedeutung der Inhaltssätze

261 Was die Bedeutung der Inhaltssätze betrifft, so kann man analog zu den Satzarten (→ 224–231) die folgenden Unterarten ansetzen:

– **Aussagenebensätze** (Deklarativnebensätze) drücken typischerweise etwas aus, was mit Richtig oder Falsch beurteilt werden kann:

> *Dass der Zeiger schon im roten Bereich war,* fiel dem Laboranten nicht auf.
> Bei einem solchen Satzgefüge kann sinnvollerweise nachgefragt werden:
> *Stimmt es, dass der Zeiger schon im roten Bereich war?*

Es freut mich, **dass** ich euch wieder einmal besuchen kann.
→ *Ist es richtig, dass ich euch wieder einmal besuchen kann?*

Es gibt allerdings Varianten zu solchen Nebensätzen, bei denen eine Beurteilung nach Richtig oder Falsch im gegebenen Zusammenhang wenig sinnvoll ist:

Es freut mich, *wenn ich euch wieder einmal besuchen kann.*
Es freut mich, *euch wieder einmal besuchen zu können.*

– **Fragenebensätze** (Interrogativnebensätze) drücken eine Frage aus
(siehe aber → 264):

Ich frage mich, *wer mir diesen Zettel hinterlassen hat.*
→ *Wer hat mir diesen Zettel hinterlassen?*

– **Ausrufenebensätze** (Exklamativnebensätze):

Ich bin erstaunt, *wie groß sie schon geworden ist.*
→ Ich bin erstaunt, *dass sie schon so groß geworden ist.*
→ *Bist du schon groß geworden!*

– **Aufforderungsnebensätze:**

Der König verlangte, *dass alle Untertanen den Zehnten ihres Einkommens abgeben.*
→ *Alle Untertanen sollen den Zehnten ihres Einkommens abgeben.*
→ *Jeder Untertan gebe den Zehnten seines Einkommens ab!*

Wir entschieden uns dafür, *dass wir zuerst das Obergeschoss renovieren.*
(Oder:) Wir entschieden uns dafür, *zuerst das Obergeschoss zu renovieren.*
→ *Renovieren wir zuerst das Obergeschoss!*

– **Wunschnebensätze:**

Der Frosch träumte davon, *dass ihn eine schöne Prinzessin wieder zum Prinzen erwecke.*
→ *Wenn mich doch nur eine schöne Prinzessin wieder zum Prinzen erweckte!*

Alle diese Unterarten kennen zusätzliche Varianten, die unter den Begriff der zitierten Rede fallen (→ 262).

Die folgenden Abschnitte (→ 262–265) können nicht die ganze Bandbreite der Inhaltssätze abdecken; wir müssen uns daher auf einige typische Zusammenhänge beschränken, in denen Inhaltssätze erscheinen.

Direkte und indirekte Rede

262 Wenn jemand von Äußerungen eines andern berichtet, stehen ihm dafür je nach dem Verb des übergeordneten Satzes bis zu vier Möglichkeiten zur Verfügung. Beim jeweils ersten der folgenden Beispiele liegen Aussagesätze bzw. Aussagenebensätze vor, beim jeweils zweiten handelt es sich um Aufforderungssätze bzw. Aufforderungsnebensätze.

1. Direkte Rede:

    Der Verkäufer versprach: «*Ich gewähre Ihnen 30 Prozent Rabatt.*»
    Anna bat mich: «*Gib mir etwas Zeit!*»

2. Indirekte Rede mit einem uneingeleiteten Nebensatz; die finite Verbform (Personalform) steht hier an zweiter Stelle (→ 247):

    Der Verkäufer versprach, *er gewähre mir 30 Prozent Rabatt.*
    Anna bat mich, *ich solle ihr etwas Zeit geben.*

3. Indirekte Rede mit einem Konjunktionalsatz mit *dass:*

    Der Verkäufer versprach, *dass er mir 30 Prozent Rabatt gewähre.*
    Anna bat mich darum, *dass ich ihr etwas Zeit gebe.*

4. Satzwertige Infinitivgruppe:

    Der Verkäufer versprach, *mir 30 Prozent Rabatt zu gewähren.*
    Anna bat mich, *ihr etwas Zeit zu geben.*

Man kann hier allgemein von **zitierter Rede** sprechen.

263 Im Unterschied zu den gewöhnlichen Aussagenebensätzen verbürgt sich der Sprecher oder Schreiber nicht für die Richtigkeit des Inhaltes der Nebensätze. Umso wichtiger ist es, dass er die Fremdaussage genau oder wenigstens sinngemäß wiedergibt. Bei der direkten Rede erhebt der Sprecher oder Schreiber den Anspruch, etwas authentisch, das heißt wörtlich, wiederzugeben. Bei der indirekten Rede mit dem uneingeleiteten Nebensatz und mehr noch bei den Versionen mit dem dass-Satz und mit der Infinitivgruppe besteht dieser Anspruch in geringerem Maße, es wird eher global, das heißt dem Sinne (nicht dem Wortlaut) nach, berichtet. Die Distanz des Berichtenden zum Inhalt der wiedergegebenen Äußerung findet formal oft darin ihren Ausdruck, dass statt des Indikativs der Konjunktiv I gewählt wird (vgl. dazu auch → 63).

Fragenebensätze

264 Angeführte Sätze können auch die Form eines Fragesatzes haben (→ 228):

Er fragte: «*Hast du das schon einmal gesehen?*» Sie fragte: «*Was für ein Buch empfiehlst du mir?*» Sie fragte: «*Wann ist das schon einmal vorgekommen?*»

Wenn solche «direkten Fragen» in «indirekte» umgeformt werden, erscheinen sie in der Form von Nebensätzen, eingeleitet mit der Konjunktion *ob* oder gleichfalls mit einem Interrogativpronomen; die finite Verbform (Personalform) des Verbs steht jeweils am Ende des Nebensatzes:

Er fragte, **ob** sie das schon einmal gesehen **habe**. Sie fragte, **was** für ein Buch ich ihr empfehlen **könne**. Sie fragte, **wann** das schon einmal vorgekommen **sei**.

265 Man bezeichnet oft alle ob-Sätze sowie solche Pronominalnebensätze, die sich nicht als Relativnebensätze bestimmen lassen, als «indirekte Fragesätze». Diese Benennung passt aber schlecht zu Nebensätzen, denen das Merkmal «Rede» fehlt. Die meisten Satzgefüge dieser Art lassen sich immerhin in Verbindungen aus Fragesatz (ohne Redecharakter) und Aussagesatz (→ 227) mit wiederaufnehmendem Pronomen umformen (→ 13):

> Ich weiß nicht, **ob** ich ihm das schon einmal erklärt habe. → **Habe** ich ihm das schon einmal erklärt? Ich weiß es nicht.

> Mich interessiert, **wann** genau das gewesen ist. → **Wann** ist das genau gewesen? Mich interessiert das.

Nebensätze dieser Art nennt man aufgrund dieser Umformungsprobe am besten Fragenebensätze. Man sei sich aber bewusst, dass die Umformungsprobe hier etwas gekünstelt ist: Mit der Partikel *ob* wird der Sachverhalt des Satzes bzw. mit dem Interrogativpronomen eine Stelle des Satzes lediglich als nicht konkretisiert bezeichnet.

266 In der folgenden Tabelle sind die formalen Eigenarten (also die typischen Einleitewörter) von Relativ- und Fragenebensatz noch einmal einander gegenübergestellt:

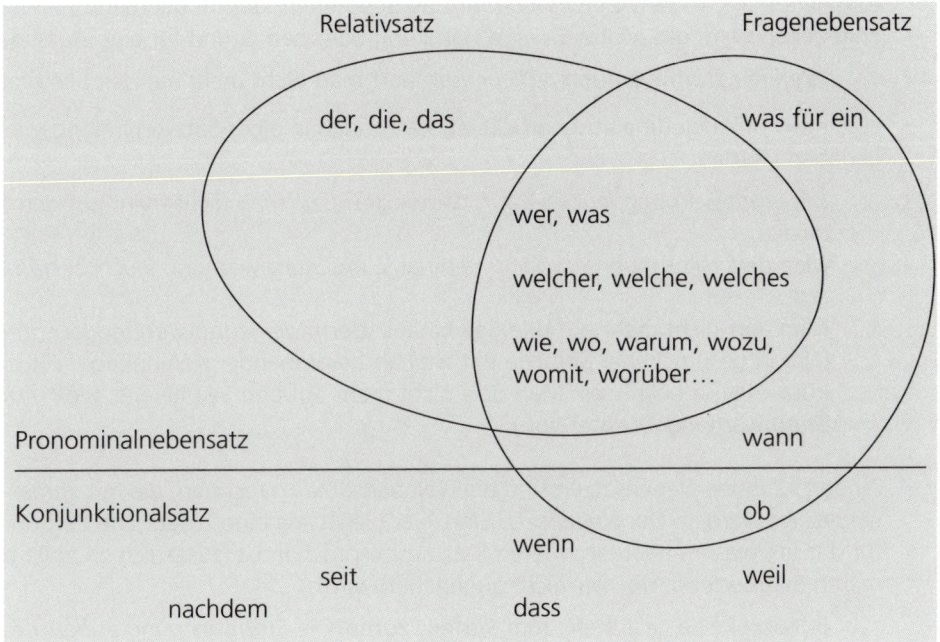

Satzgefüge mit Verhältnissätzen

267 Zu den Verhältnissätzen zählen aus funktionaler Sicht (→ 250) vor allem Adverbialsätze (→ 251), und zwar unter Ausschluss der Relativsätze. Außerdem rechnet man verwandte Nebensätze ohne erkennbaren Satzgliedwert (→ 252) hierher. Die Beziehungen zwischen dem Nebensatz und dem übergeordneten Nebensatz sind sehr ausgeprägt. Wir müssen uns freilich gerade auch hier auf eine Auswahl beschränken; in besonderem Maße ist daher auf weiterführende Grammatiken zu verweisen.

268 Im Einzelnen werden behandelt:

1. kausale Nebensätze
2. konsekutive Nebensätze
3. konzessive Nebensätze
4. temporale Nebensätze
5. konditionale Nebensätze
6. adversative Nebensätze
7. finale Nebensätze
8. modale Nebensätze

Kausale Nebensätze

269 Kausale Nebensätze im strengen Sinn werden mit den Konjunktionen *da* oder *weil* eingeleitet. Sie nennen die Ursache für das Geschehen, das im übergeordneten Satz angegeben wird, das Motiv für eine Handlung oder den Grund für eine Aussage.

Weil die Sturmwarnung aufleuchtet, darf man nicht mehr auf den See hinaus.

Was hier im Satzgefüge ausgedrückt ist, kann auch in einer Satzverbindung wiedergegeben werden:

Die Sturmwarnung leuchtet auf; **deswegen** darf man nicht mehr auf den See hinaus.
Man darf nicht mehr auf den See hinaus; *die Sturmwarnung leuchtet* **nämlich** *auf.*
Man darf nicht mehr auf den See hinaus; **denn** *die Sturmwarnung leuchtet auf.*
(Nur in gesprochener Sprache mit *weil* als beiordnender Konjunktion, oft mit kurzer Pause nach *weil*: Man darf nicht mehr auf den See hinaus, **weil** *– die Sturmwarnung leuchtet auf.*)

270 Zu den kausalen Nebensätzen sind auch Nebensätze zu rechnen, die mit *zumal (da)* eingeleitet werden. Der Nebensatz führt hier gleichsam eine zusätzliche Begründung für das an, was im übergeordneten Satz ausgesprochen ist (zusätzlich zu einer primären Begründung, die hier nicht angegeben wird):

Er hatte keine Lust mehr zum Surfen, **zumal** *die Sturmwarnung aufleuchtete.*

Der gleiche Sachverhalt lässt sich auch in einer Satzverbindung formulieren:

Die Sturmwarnung leuchtete auf; umso weniger Lust zum Surfen hatte er.

271 Auch Partizipgruppen können oft kausal interpretiert werden (Umformungsprobe: Umbau in einen Konjunktionalnebensatz; → 13):

Vom Unwetter überrascht, mussten sie in einer Scheune Schutz suchen.
→ *Da sie von einem Unwetter überrascht worden waren,* mussten sie in einer Scheune Schutz suchen.

Konsekutive Nebensätze

272 Ausgebildete Konsekutivnebensätze werden durch die folgenden Konjunktionen eingeleitet:

so ... dass, so dass (sodass), als dass, dass

Bei konsekutiven Infinitivgruppen steht teilweise die folgende Konjunktion:

um

Konsekutivnebensätze nennen die Folge eines im übergeordneten Satz angeführten Sachverhalts oder Geschehens. Innerhalb dieses Verhältnisses gibt es verschiedene Nuancierungen:

Es war so laut, ***dass*** *sich alle aufregten.*
Es war sehr laut, ***so dass*** *sich alle aufregten.*

Diesen Sätzen entspricht in der Satzverbindung:

Alle regten sich auf, so laut war es.
Es war sehr laut; alle regten sich darüber auf.

273 Der Konsekutivsatz kann auch eine negative Folge ausdrücken:

Es war viel zu laut, ***als dass*** *man noch etwas hätte verstehen können.*
Es war viel zu laut, ***um*** *noch etwas zu verstehen.*

Dem entspricht in der Satzverbindung:

Wir konnten nichts verstehen; es war viel zu laut (dafür).

274 Der Konsekutivsatz muss nicht eine tatsächliche Folge angeben, er kann auch eine nur mögliche ausdrücken. Wenn der Nebensatz durch *dass* eingeleitet wird, muss er einen Ausdruck enthalten, der die bloße Möglichkeit anzeigt, zum Beispiel das Verb *können*. Das gilt nicht, wenn eine satzwertige Infinitivgruppe vorliegt:

Er hat so viel Macht, ***dass*** *er das erreichen* ***kann.***
Er hat so viel Macht, *das zu erreichen.*
Er hat genug Macht, ***dass*** *er das erreichen* ***kann.***
Er hat genug Macht, ***um*** *das zu erreichen.*

Das lässt sich in die folgende Satzverbindung umformen:

Er ***kann*** *das erreichen, er hat so viel (genug) Macht.*

Konzessive Nebensätze

275 Konzessive Nebensätze (auch in der Form von Partizip- oder Adjektivgruppen) werden mit den folgenden Konjunktionen eingeleitet:

>obwohl, obgleich, obschon, wenn auch, wenngleich, wennschon

Konzessivsätze nennen einen Gegengrund, einen Einwand zum Sachverhalt des übergeordneten Satzes; sie kennzeichnen diesen Gegengrund aber gleichzeitig als überwunden:

>*Obschon er von der Arbeit todmüde war,* starrte er weiter in den Fernseher.
>*Obwohl von der Arbeit völlig ausgelaugt,* wollte er noch fernsehen.

In der Satzverbindung entspricht dem:

>*Er war todmüde;* trotzdem starrte er weiter in den Fernseher.
>Er starrte weiter in den Fernseher, *dabei war er von der Arbeit völlig ausgelaugt.*

Temporale Nebensätze

276 Temporale Nebensätze geben lediglich einen Zeitpunkt oder eine Zeitdauer an. Das im Nebensatz Genannte kann dabei zeitlich mit dem im Hauptsatz Gegebenen zusammenfallen (= Gleichzeitigkeit), ihm vorangehen (= Vorzeitigkeit) oder ihm folgen (= Nachzeitigkeit).

Typische Konjunktionen:

Vorzeitigkeit	Gleichzeitigkeit	Nachzeitigkeit
nachdem, als, seit, seitdem, sobald, sowie, wenn	während, indem, solange, sobald, sowie, sooft, als, wie, wenn	bis, ehe, bevor

Beispiele:

Vorzeitigkeit	Gleichzeitigkeit	Nachzeitigkeit
Nachdem er die Prüfung bestanden hatte, ging es ihm besser.	*Als er in der Prüfung saß,* fühlte er sich schon etwas wohler.	*Bevor er die Prüfung bestanden hatte,* war er kaum auszuhalten.

Entsprechende Satzverbindungen:

Vorzeitigkeit	Gleichzeitigkeit	Nachzeitigkeit
Er hatte die Prüfung bestanden; seither ging es ihm besser.	*Er saß in der Prüfung;* dabei fühlte er sich etwas wohler.	*Er hat die Prüfung bestanden;* zuvor war er kaum auszuhalten.

277 Partizipgruppen lassen sich oft temporal interpretieren (Umformungsprobe: Umbau in einen Konjunktionalnebensatz; → 13):

Aus den Ferien zurückgekehrt, fanden sie die Wohnung von einem Einbrecher verwüstet vor. → ***Als** sie aus den Ferien zurückkehrten,* fanden sie die Wohnung von einem Einbrecher verwüstet vor.

Konditionale Nebensätze

278 Konditionale Nebensätze geben eine Voraussetzung, eine Bedingung an. Sie werden eingeleitet durch die folgenden Konjunktionen und ihnen funktional entsprechenden Wortgruppen:

wenn, wofern, sofern, falls

unter der Voraussetzung, dass…; unter der Bedingung, dass…; vorausgesetzt, dass…; gesetzt den Fall, dass…

Daneben stehen uneingeleitete Nebensätze mit Spitzenstellung der finiten Verbform (Personalform). Beispiele:

Wenn *das Wetter schön bleibt,* fahren wir.
Sofern *das Wetter schön bleibt,* fahren wir.
Gesetzt den Fall, dass *das Wetter schön bleibt,* fahren wir.
Bleibt *das Wetter schön,* fahren wir.

279 Nach dem Modus des Verbs im Satzgefüge kann man zwischen realen und irrealen Konditionalgefügen unterscheiden. Reale Konditionalgefüge stehen im Indikativ, irreale im Konjunktiv II (vgl. dazu auch → 60):

Reales Konditionalgefüge	Irreales Konditionalgefüge
Wenn wir uns einigen können, ist das Projekt schnell fertiggestellt.	Wenn wir uns einigen könnten, wäre das Projekt schnell fertiggestellt.
Hatten sie sich einmal geeinigt, ging es mit den Projekten jeweils schnell vorwärts.	Hätten sie sich rechtzeitig geeinigt, wäre es mit den Projekten schneller vorwärtsgegangen.

280 In Texten treffen wir oft auf Nebensätze mit *wenn,* die sich inhaltlich offensichtlich nicht direkt auf den übergeordneten Satz beziehen, sondern auf einen Teilsatz, der sozusagen hinzuzudenken ist:

Wenn *ich mich nicht irre,* arbeitet er schon zehn Jahre mit. Sie ist, ***wenn*** *Sie sich erinnern,* letzthin in der Zeitung erwähnt worden.

Satzgefüge dieser Art lassen sich besser verstehen, wenn man sie in solche umformt, bei denen der zu ergänzende Teilsatz ausformuliert ist:

Wenn *Sie sich erinnern, können Sie bestätigen:* Sie ist letzthin in der Zeitung erwähnt worden.

281 Partizipgruppen haben oft die Bedeutung von wenn-Sätzen:

Einmal stillgelegt, lassen sich Eisenbahnlinien kaum mehr reaktivieren.
→ *Wenn Eisenbahnlinien einmal stillgelegt sind,* lassen sie sich kaum mehr reaktivieren.

Realistisch betrachtet, handelt es sich um eine Möglichkeit unter vielen.
→ *Wenn man es realistisch betrachtet,* handelt es sich um eine Möglichkeit unter vielen.

Adversative Nebensätze

282 Adversative Nebensätze geben einen Gegensatz an. Sie können durch eine der folgenden Konjunktionen eingeleitet werden:

Bei ausgebauten Adversativsätzen:

während, statt dass, anstatt dass, außer dass, außer wenn

Bei adversativen Infinitivgruppen:

statt, anstatt, außer

Daneben gibt es auch uneingeleitete Adversativsätze. Beispiele:

Während *der eine zu wenig schön ist,* hat der andere zu wenig Geld. *Ist der eine zu wenig schön,* hat der andere zu wenig Geld. Ich blieb liegen, **statt dass** *ich zur Arbeit ging.* Ich blieb liegen, **statt** *zur Arbeit zu gehen.*

Diesen Satzgefügen entsprechen in der Satzverbindung:

Der eine ist zwar zu wenig schön, aber der andere hat zu wenig Geld. *Ich fuhr nicht zur Arbeit;* stattdessen blieb ich liegen.

Finale Nebensätze

283 Finale Nebensätze geben einen Zweck, ein Ziel, das erreicht werden soll, ein Motiv oder eine angestrebte Wirkung an. Sie werden durch die folgenden Konjunktionen eingeleitet:

Bei ausgebauten Finalsätzen:

damit, dass

Bei finalen Infinitivgruppen:

um

Beispiele:

Sie gab Gas, **damit** *sie den Lastwagen überholen konnte.* Sie gab Gas, **um** *den Lastwagen zu überholen.*

Finalsätze lassen sich oft auf Konditionalsätze oder Kausalsätze mit zusätzlichen Merkmalen beziehen (Umformungsprobe machen):

    Du brauchst nur Gas zu geben, *um den Lastwagen zu überholen.*
    → Du brauchst nur Gas zu geben, *wenn du den Lastwagen überholen **willst**.*

    Sie gab Gas, *um den Lastwagen zu überholen.*
    → Sie gab Gas, *weil sie den Lastwagen überholen **wollte**.*

Das zusätzliche Merkmal besteht in beiden Beispielen im Ausdruck der Absicht, des Wollens.

Modale Nebensätze

284 Unter dem Begriff «modale Nebensätze» fassen wir einige recht unterschiedliche Nebensätze zusammen. Ganz allgemein kann man sagen: Es geht jeweils um den Ausdruck einer bestimmten Art und Weise. Eingeleitet werden modale Nebensätze durch die folgenden Konjunktionen:

Bei ausgebauten modalen Nebensätzen:

    indem, wobei, ohne dass, wie wenn, als ob, als, so (plus Adjektiv)

Bei modalen Infinitivgruppen:

    ohne, als

Beispiele:

    Er bedankte sich, ***indem** er ihr die Hand reichte.* Er bedankte sich, ***ohne** ihr die Hand zu reichen.* Sie lächelte, ***so** freundlich sie konnte.* Die Vorräte schwinden schneller, ***als** man geplant hat.*

Entsprechende Satzverbindungen sind:

    Er bedankte sich; *dabei reichte er ihr die Hand.* Er bedankte sich; *dabei reichte er ihr die Hand nicht.* Die Vorräte schwinden schnell; *dieses Tempo hat man nicht geplant.*

Die Nebensätze mit *wie wenn*, *als ob* und *als* mit unmittelbar folgender finiter Verbform (Personalform) lassen sich als eine Verbindung von Modal- und Konditionalsatz auffassen:

    Sie lächelte, ***wie wenn** nichts geschehen wäre.* Sie lächelte, ***als ob** nichts geschehen wäre.* Sie lächelte, ***als** wäre nichts geschehen.*

285 Viele Partizipgruppen haben modalen Charakter (Umformungsprobe: Umbau in einen Konjunktionalnebensatz):

    Freundlich den Kopf schüttelnd, lehnte sie ab. → Sie lehnte ab, ***indem** sie freundlich den Kopf schüttelte.*

Sach- und Wortregister

Sach- und Wortregister

Die Zahlen verweisen auf die Abschnittsnummern (Randziffern).

A

abgeschlossen: 48
Abhängigkeit: 183–191; innerhalb von Präpositional- und Konjunktionalgruppen 136, 140, 178, 180–181; auch → Funktion
Abkürzung: 157
Ablaut: Flexion 24; Verb 69; Wortbildung 153
Ableitung: 153–156, ferner 46
Ableseprobe: 4–5, 86, 197.3
Abwandlung: → innere Abwandlung
Adjektiv: Gebrauch 118–128; Deklination 129–130; Komparation 131–133; Abgrenzung vom Pronomen 116, ferner 111–113; Abgrenzung vom Adverb 6, 116, 127; auch → Adjektivgruppe, → Partizipgruppe
Adjektivgruppe: 176, 249, ferner 136, 140, 275; in Präpositionalgruppen 178; in Konjunktionalgruppen 180; Terminologie 214.1, 214.3; auch → Partizipgruppe
Adverb: 144–147; Pronominaladverb 145–146; Komparation (Steigerung) 147; Abgrenzung vom Adverb 6, 116, 127; auch → Adverbgruppe
Adverbgruppe: 177, 185–186, ferner 136, 140; in Präpositionalgruppen 178; in Konjunktionalgruppen 180; Terminologie 186, 214.1, 214.3
Adverbiale: 185, 194, ferner 125–128, 205, 208; Terminologie 186, 211–214
adverbialer Akkusativ: 205, ferner 185, 186, 194, 196
adverbialer Genitiv: 208, ferner 186, 194, 196
adverbiales Adjektiv: 125–128
adversativer Nebensatz: 282

Akkusativ: 20; Nomen 86–90; Pronomen 93–94, ferner 97–114; Adjektiv 130; bei Präpositionen 136, 138, 178; Nominalgruppen im Akkusativ 202–205, ferner 178, 181, 187, 194; auch → adverbialer Akkusativ, → prädikativer Akkusativ
Akkusativobjekt: 202, ferner 37, 66, 187, 194, 196, 204
Aktant: 184; auch → Subjekt, → Objekt
Aktiv: → Handlungsrichtung
als: 131, 141, 180–181, 243, 272, 284; auch → Konjunktionalgruppe
Alternativfrage: 228
Angabe: 158
Anredenominativ: 201, ferner 191, 194
Anredepronomen: 97, ferner 58
Apposition: 210, ferner 194–196, 209
Artikel: bestimmter Artikel 105–106; unbestimmter Artikel 114
Artikelprobe: zur Bestimmung des Genus 81; zur Bestimmung von Adjektiven 113, 116; auch → Ersatzprobe, → Ableseprobe
Attribut: 189, 195, ferner 119, 209; Terminologie 190; Geschichtliches 211–194; auch → Gliedteil
attributiver Genitiv: → Genitivattribut
attributives Adjektiv: 119–121, 128
attributives Präpositionalgefüge: 179
Attributsatz: 250–251
Aufforderungssatz: 226, 230
Ausklammerung: 221
Ausrufesatz: 226, 229
Aussagesatz: 226–227
Aussageweise: 55–63; ferner 20, 225; Bildung der Modusformen 72–73; Terminologie 29–30
Äußerungsabsicht: 232
Äußerungsart: 224–232

B
Befehlsform: → Imperativ
Befehlssatz: 230; auch → Imperativ
Begleiter: → Pronomen
Begleitergruppe: 175
beiordnende Konjunktion: 140, 180–181; auch → Konjunktionalgruppe
bestimmter Artikel: 105–106
bestimmtes Zahladjektiv: 111–112, ferner 28
bestimmtes Zahlpronomen: 111–112, ferner 28
bestimmtes Zahlwort: 28; auch → bestimmtes Zahlpronomen
Bestimmungswort: 149
Buchstaben: 15–17
Buchstabenwort: 157

D
dass: 141, 243, 259–262, 267, 272, 283; auch → Konjunktionalsatz
Dativ: 20; Nomen 86–90; Pronomen 93–94, ferner 97–114; Adjektiv 119, 130; bei Präpositionen 136, 138–139, 178; Nominalgruppen im Dativ 206, ferner 178, 181, 194
Dativobjekt: 206, ferner 194, 196
Deklarativsatz: 226–227
Deklination: 20–22; auch → Nomen, → Pronomen, → Adjektiv
Deklinationsart: Nomen 88; Pronomen 94; Adjektiv 129–130
Demonstrativpronomen: 103–104
denen: 104
deren: 104
derer: 104
Derivation: → Ableitung
Desiderativsatz: 226, 231
dessen: 104
Diathese: 64–68, ferner 20; Bildung der Passivformen 64, 68, 75–79
dieser: 94, 104, 130
Diphthong: 17
direkte Rede: 262–266
direkter Fragesatz: → Fragesatz
Doppellaut: → Diphthong

du: 58, 97–98
dürfen: 35, 45

E
einander: 100
einfacher Satz: 233–239
einfacher Vokal: 17
Einleitewort: 225
Einsetzprobe: 6
Einzahl: → Numerus
e/i-Wechsel: 71
Ellipse: 238
Endstellung: → Verbletztsatz
Endung: in der Flexion 24; in der Wortbildung 153–156; auch → Flexion, → Wortbildung
Entscheidungsfrage: 228
Ergänzung: 158, 184; auch → Aktant, → Subjekt, → Objekt
Ergänzungsfrage: 228
Ersatzinfinitiv: 45, 223
Ersatzprobe: 2–3, 86, ferner 197.3, 202–205, 207–208
Erststellung: → Verberstsatz
Erweiterungsprobe: 9
es: 67, 97–98, 198–199, 203
Exklamativsatz: 226, 229

F
Fachausdrücke: Allgemeines 29–31; Tempus 47; Modus 62; Genus 82; Kasus 87; Zahlwörter 112, 113; Adjektiv und Adverb 127; Partikel 134; Pronominaladverb 146; verbale Teile und Prädikat 159–162; Wortgruppen, Satzglieder, Gliedteile 168–170, 214; Präpositionalgruppen 179; Konjunktionalgruppen 182; Aktant, Ergänzung 184; Adverb, Adverbiale, Adverbgruppe, Satzpartikel 186, 214.1, 214.3; Adjektivgruppe, Satzadjektiv 214.1, 214.3; prädikativer Nominativ, Gleichsetzungsnominativ 214.5; Attribut und Gliedteil 190; Pronominalsatz 246
Fall: → Kasus
fallbestimmtes Glied: → Nominalgruppe

fallfremdes Glied: → Adjektivgruppe, → Adverbgruppe, → Präpositionalgruppe, → Konjunktionalgruppe
feminin, Femininum: → Genus
finaler Nebensatz: 283
finite Verbform (Personalform): 40, 160–162, 197; Bildung 69–79; Stellung 215–223, ferner 161, 225–227, 242–247
Flexion: 18–24, ferner 154
Flexionsform: 18–24; auch → Flexion
Flexionsmerkmal: 20; auch → Flexion
Flexionsmittel: 24
Flexionsprobe: 7–8
Form: Wort 18–31; Wortgruppe (Satzglieder, Gliedteile) 172–182, 194, 211–214; Satz 225–239; Nebensatz 242–249
Formenlehre: 18–157
Frageadverb: → Pronominaladverb
Fragehauptsatz: → Fragesatz
Fragenebensatz: 261, 244
Frageprobe: 2, 86, 197.3
Fragepronomen: → Interrogativpronomen
Fragesatz: 226, 228, ferner 109
Fragewort: → Interrogativpronomen, → Pronominaladverb, → *ob*
Funktion: Wortgruppen 172, 183–191, 211–214; Nebensätze 250–252; auch → Gebrauch, → Abhängigkeit
Futur I, II: 47–48, 50, 53, 55, ferner 77–79

G

Ganzsatz: 233; auch → zusammengesetzter Satz
Gebrauch: Verb 33–39; Pronomen 92, 95–96; Adjektiv 118–128; Partikel 134–135; auch → Funktion
Gegenwart: 47–48; auch → Präsens
gemischt: Verb 69–73

Genitiv: 20; Nomen 86–90; Pronomen 93–94, ferner 97–114; Adjektiv 119, 130; bei Präpositionen 136, 138–139, 178; Ersatz durch anderen Kasus 139, 209; Nominalgruppen im Genitiv 207–209, ferner 178, 195
Genitivattribut: 209, ferner 195, 196, 210
Genitivobjekt: 207, ferner 194, 196
Genus: 20; Nomen 81–82; Pronomen 93–94, ferner 97–114; Adjektiv 119, 129–130; Terminologie 82
Genus verbi: → Handlungsrichtung
Geschichte: Wortarteinteilung 25–31; Satzgliedlehre 211–214
Geschlecht: → Genus
Gleichsetzungsakkusativ: → prädikativer Akkusativ
Gleichsetzungsnominativ: → prädikativer Nominativ
Gleichzeitigkeit: 276
Gliedsatz: 250–251
Gliedteil: 168–195; Definition 170; Nominalgruppen als Gliedteile 196, 209, ferner 190–191, 195; Terminologie und Geschichte 190–191, 211–214; auch → Wortgruppe
Gliedteilsatz: 250–251
grammatische Zeit: 47–54, 55, 61–62, ferner 20–22; Bildung der Tempusformen 69–79, ferner 44, 45; Terminologie 47, ferner 29–30
grammatisches Merkmal: 20; auch → Flexion
Grundform: 19; auch → Infinitiv
Grundvokal: 17
Grundwort: 149
Grundzahl: 28, 111–112

H

haben: 34, 44
Handlungsrichtung: 64–68, ferner 20; Bildung der Passivformen 64, 68, 75–79
Hauptsatz: 233–239, ferner 240–285

Hilfsverb: 34, 162, 165, 166; Tempusformen 44, 75–79; Konjunktiv II 61–63; Passiv 64, 68
Höflichkeitsform: 97, ferner 58

I
ihr: 58, 97–98
Imperativ: 55, 58, 230; Bildung der Imperativformen 71, 76
Imperativsatz: 230; auch → Imperativ
Imperfekt: 47; auch → Präteritum
Indefinitpronomen: 113, ferner 96
Indikativ: 55, 57, ferner 279; Bildung der Indikativformen 70–71, 77; Terminologie 29–30
indirekte Rede: 63, 262–266
indirekter Fragesatz: → Fragenebensatz
infinite Verbform: 41–45, 75, 162; Stellung 215–223
Infinitiv: 42, 75, 160–162, 165, ferner 19, 35; Stellung 215–223; nominalisierter Infinitiv 174; auch → Infinitivgruppe, → Ersatzinfinitiv
Infinitivgruppe: 238, 248, ferner 142, 165, 220, 260, 267–285
Infinitivpartikel zu: 42, 135, 248; auch → *zu*
Infinitivprobe: 12, 197.1, 200
Infinitivsatz: → Infinitivgruppe
Inhalt: Wortarten 27–31; Wortgruppen 172, 192–193, ferner 205, 209; Teilsätze 253–285; auch → Inhaltssatz
Inhaltssatz: 253, 259–267
Initialwort: 157
innere Abwandlung: Flexion 24; Verb 69–73; Wortbildung 153; auch → Ablaut, → Umlaut
innere Flexion: 24; Verb 69–73; auch → Ablaut, → Umlaut
Interjektion: 143
Interrogativadverb: → Pronominaladverb
Interrogativhauptsatz: → Interrogativsatz
Interrogativnebensatz: 261, 244; ferner 109
Interrogativpronomen: 107–109, 244, 264–266, ferner 227.2

Interrogativsatz: 226, 228
Intonation: 225
intransitiv: 37, 39, 44, 67
irrealer Konditionalsatz: 279

K
Kardinalzahl: 28, 111–112
Kasus: 20–22; Nomen 86–90; Pronomen 93–94, ferner 97–114; Adjektiv 119, 129–130; bei Präpositionen 136, 138–139, 178; Wortgruppen 173, 178, 180–181, 194–210
kasusbestimmtes Glied: → Nominalgruppe
kasusfremdes Glied: → Adjektivgruppe, → Adverbgruppe, → Präpositionalgruppe, → Konjunktionalgruppe
kausaler Nebensatz: 269–271
Kennform: Verb (Stammform) 69; Nomen 90
Kern: 10, 168, 170, 173–182
Kernsatz: → Verbzweitsatz
Komparation: 20–22; Adjektiv 131–133; Adverb 147
Komparativ: → Komparation
Komposition: → Zusammensetzung
Konditional: 62
konditionaler Nebensatz: 278–281
Kongruenz: Subjekt und finite Verbform (Personalform) 197; Pronomen und Nomen 93; Adjektiv und Nomen 119; Nominalgruppen und Bezugswort 181, 187, 200, 204, 210
Kongruenzprobe: 8, 197.2; ferner 24
Konjugation: 20–22; auch → Verb
Konjugationsart: 69–73
Konjunktion: beiordnende Konjunktion 140, 180–181, 222; unterordnende Konjunktion 141–142, 218, 243, 248, ferner 259–285; auch → Konjunktionalgruppe, → Konjunktionalsatz
Konjunktionalglied: → Konjunktionalgruppe
Konjunktionalgruppe: 140, 180–181; Terminologie 182, 214.1, 214.2; auch → beiordnende Konjunktion

Konjunktionalnebensatz: 243, ferner 141, 260–285
Konjunktionalsatz: → Konjunktionalnebensatz
Konjunktiv I, II: 55, 59–63, ferner 279; in der indirekten Rede 63; Bildung der Konjunktivformen 72–73, 78–79
können: 35, 45
konsekutiver Nebensatz: 272–274
Konsonant: 15–16
Konsonantenbuchstabe: 16
konzessiver Nebensatz: 275
Korrelat: 198, 203
Kürzel: 157
Kurzwort: 157

L
Laut: 15–17
linke Satzklammer: 215–221
Listenprobe: 4–5

M
man: 96, 113; bei Aktiv und Passiv 67
männlich: → Genus
maskulin, Maskulinum: → Genus
Maskulinprobe: 2, 86
Mehrzahl: → Numerus
Merkmal: 20; auch → Flexion
Mitlaut: 15–16
Mittelfeld: 215–222
modaler Nebensatz: 284–285
Modalverb: 35, 39, 45, ferner 165
modifizierendes Verb: 36
Modus: 55–63, ferner 20, 225; Bildung der Modusformen 72–73; Terminologie 29–30
mögen: 35, 39, 45
Möglichkeitsform: 29–30; auch → Konjunktiv
müssen: 35, 45

N
Nachdruck: 229
Nachfeld: 221
Nachzeitigkeit: 276
n-Deklination: 88–89

Nebensatz: 233–238, 240–285; Form 241–249; Funktion 250–252; Inhalt 253–285; ausgebildeter 242–247; Nebensatzäquivalent 248–249
Nebensatzäquivalent: 238, 248–249; auch → Infinitivgruppe, → Partizipgruppe
nebensatzwertige Fügung: 238, 248–249; auch → Infinitivgruppe, → Partizipgruppe
Nennform: 19; auch → Infinitiv
neutral, Neutrum: → Genus
Nichtflektierbare: → Partikel
Nomen: 80–90, ferner 20–22; Terminologie 31; auch → Nominalgruppe, → Nominalisierung
Nominalgruppe: 173–174, 194–210; in Präpositionalgruppen 178, 191; in Konjunktionalgruppen 180–181, 191; als Satzglieder 196; als Gliedteile 196, ferner 190–191, 194; Terminologie 214
nominalisiertes Adjektiv: 122–123, 174
Nominalisierung: 174; auch → nominalisiertes Adjektiv
Nominativ: 19, 20; Nomen 86–90; Pronomen 93–94, ferner 97–114; Adjektiv 130; Nominalgruppen im Nominativ 194–201, ferner 181, 187; auch → prädikativer Nominativ
Null-Deklination: 88–89
Numerus: 20; Verb 40; Nomen 83–85, ferner 81, 88–90; Pronomen 93, ferner 97–114; Adjektiv 119, 129–130

O
ob: 141, 227.2, 243, 264–266, 284
Objekt: 184, 194, 211–213, ferner 179; Akkusativobjekt 202, ferner 37, 66, 187, 194, 196, 204; Dativobjekt 206, ferner 194, 196; Genitivobjekt 207, ferner 194, 196
Operation: 1–14
Ordinalzahl: 28, 111
Ordnungszahl: 28, 111

P

Parenthese: 239
Partikel: 22, 134–147, ferner 18–21; Überblick 134
Partikelattribut: → Adverbgruppe
Partizip I, II: 43–45, 75, 160, 166; Bildung des Partizips II 44, 69; adjektivischer Gebrauch 43–45, 117, ferner 118–128; auch → Partizipgruppe
Partizipgruppe: 176, 238, 249, ferner 166, 220, 258, 267–285
partizipiales Attribut: → Partizipgruppe
Partizipsatz: → Partizipgruppe
Passiv: → Handlungsrichtung
Passivvarianten: 68
Perfekt: 47–48, 52, 55, ferner 75, 77–79
Person: 20, 97; auch → finite Verbform (Personalform), → Personalpronomen, → Reflexivpronomen
Personalform: → finite Verbform
Personalpronomen: 97–98
Phrase: 168
Platzhalter: 199, ferner 67
Plural: → Numerus
Pluraletantum: 84, ferner 81
Plusquamperfekt: 47–48, 54, 55, ferner 77
Positiv: 131–133, 147, ferner 20
Possessivpronomen: 101–102
Prädikat: 160; auch → verbaler Teil
Prädikativ: 187–188, 194, ferner 124, 200, 204, 214.5
prädikativer Akkusativ: 204, ferner 187, 194, 196; Terminologie 214.5
prädikativer Nominativ: 200, ferner 187, 194, 196; Terminologie 214.5
prädikatives Adjektiv: 124, 128
Präfix: Flexion 24; Partizip II 44; Wortbildung 153–156, ferner 46
Präposition: 136–139; auch → Präpositionalgruppe
präpositionale Satzpartikel: 179
präpositionales Attribut: 179
präpositionales Satzadjektiv: 179
Präpositionalgefüge: 179
Präpositionalglied: 179
Präpositionalgruppe: 178, ferner 180, 194; bei Aktiv und Passiv 65–67; Terminologie 179, 214
Präpositionalkasus: 179
Präpositionalobjekt: 179
Präpositionalphrase: 179
Präsens: 47–49, 55, 72; Bildung der Präsensformen 70–73, 75–79
Präteritum: 47–48, 51, 55; Bildung 69, 77; Terminologie 47
Proben: 1–14
Pronomen: 91–114, ferner 20–22; Begleiter und Stellvertreter 92, ferner 170, 174–175; Flexion (Deklination) 93–94, ferner 97–114
Pronominaladverb: 145, 244, 254–258, 260, 264–266, ferner 227.2; Terminologie 146
Pronominalnebensatz: 244–245, ferner 254, 260, 264–266; Terminologie 246
Pronominalsatz: → Pronominalnebensatz

R

realer Konditionalsatz: 279
rechte Satzklammer: 215–223
reflexiv: Verb 38–39, 44; auch → Reflexivpronomen
Reflexivpronomen: 99–100; beim Verb 38, 44
regelmäßig: Verb 69–73
Relativnebensatz: 110, 246, 254–258
Relativpronomen: 110, 244, 254–258; auch → Relativnebensatz, → Pronominalnebensatz
Relativsatz: → Relativnebensatz
reziprokes Pronomen: 100

S

sächlich: → Genus
Satz: 158; Satz- und Äußerungsart 224–232; einfacher und zusammengesetzter Satz 233–239, 240–285; Haupt- und Nebensatz 233–239, 240–285
Satzadjektiv: → Adjektivgruppe
Satzäquivalent: 238; auch → Infinitivgruppe, → Partizipgruppe

Satzart: 224–232; auch → Satzform
Satzform: 215–223; auch → Satzart
Satzfragment: 238
Satzgefüge: 234–239; auch → zusammengesetzter Satz, → Nebensatz
Satzglied: 168–194; Definition 169; Stellung 11, 161, 169; Nominalgruppen als Satzglieder 196; Terminologie und Geschichte 179, 182, 186, 188, 190, 193, 211–214; auch → Wortgruppe, → Gliedteil
Satzgliedinnenbau: 170; auch → Gliedteil
Satzklammer: 215–223
Satzlehre: 158–285
Satzpartikel: → Adverbgruppe
Satzschlusszeichen: 225
Satzverbindung: 235–237, ferner 267–285; auch → Hauptsatz
satzwertige Fügung: 238, 248–249; auch → Infinitivgruppe, → Partizipgruppe, → Anredenominativ, → Interjektion
Schaltsatz: 239
schwach: Verb 69–73; Adjektiv 119, 129–130
s-Deklination: 88–89
sein: 34, 44
sein-Passiv: 68, 76; auch → Passiv
Selbstlaut: 15–17
Sexus: 82
sich: 99–100, ferner 38
Sie: 58, 97–98
Silbe: 15
Singular: → Numerus
sollen: 35, 45
Spannsatz: → Verbletztsatz
Spitzenstellung: → Verberstsatz
Stammausgang: 85, 90
Stammerweiterung: 85
Stammform: 69
Stammvokal: 69; auch → Ablaut, → Umlaut
stark: Verb 69–79; Pronomen 94, 104; Adjektiv 119, 129–130

Steigerung: 20; Adjektiv 131–133; Adverb 147
Stellvertreter: → Pronomen
Stirnsatz: → Verberstsatz
Subjekt: 197–199, ferner 66–67, 187, 194, 196, 200
Subjektsnominativ: 197; auch → Subjekt
Substantiv: 31; auch → Nomen
Suffix: Flexion 24; Wortbildung 153–156; auch → Flexion, → Wortbildung
Superlativ: 131–133, 147, ferner 20
Syntax: 158–285

T

Teilsatz: 233–239; auch → Hauptsatz, → Nebensatz, → zusammengesetzter Satz
Teilsatzäquivalent: 238; auch → Infinitivgruppe, → Partizipgruppe
teilsatzwertige Fügung: 238; auch → Infinitivgruppe, → Partizipgruppe
temporaler Nebensatz: 276–277
Tempus: 47–54, 55, 61–62, ferner 20–22; Bildung der Tempusformen 69–79, ferner 44, 45; Terminologie 47, ferner 29–30
t-Endung / t-Suffix: 69
Terminologie: Allgemeines 29–31; Tempus 47; Modus 62; Genus 82, Kasus 87; Zahlwörter 112, 113; Adjektiv und Adverb 127; Partikel 134; Pronominaladverb 146; verbale Teile und Prädikat 160; Wortgruppen, Satzglieder, Gliedteile 168–170, 214; Präpositionalgruppen 179; Konjunktionalgruppen 182; Adverb, Adverbiale, Adverbgruppe, Satzpartikel 186, 214.1, 214.3; Adjektivgruppe, Satzadjektiv 214.1, 214.3; prädikativer Nominativ, Gleichsetzungsnominativ 214.5; Attribut und Gliedteil 190; Pronominalsatz 246
transitiv: 37, 39, 66
trennbar: 46; auch → Verbzusatz

U

Übereinstimmung: Subjekt und finite Verbform (Personalform) 197; Pronomen und Nomen 93; Adjektiv und Nomen 119; Nominalgruppen und Bezugswort 181, 187, 200, 204, 210
Umformungsprobe: 12–14
Umlaut: 17; Flexion 24; Verb 70–73; Nomen 83; Adjektiv 133; Wortbildung 153–156
Umstellprobe: 11, 169, 198–199
unbestimmter Artikel: 114
unbestimmtes Zahladjektiv: 113
unbestimmtes Zahlpronomen: → Indefinitpronomen
unbestimmtes Zahlwort: 113
uneingeleiteter Nebensatz: 247, ferner 260–262, 278
unpersönliches es: 198, 203
unpersönliches Objekt: 203
unpersönliches Subjekt: 198
unregelmäßig: Verb 69–73
Unterart: Pronomen 95–96, ferner 97–114; Partikel 134–135, ferner 136–147
unterordnende Konjunktion: 141–142, 243, 248, ferner 260–285; auch → Konjunktionalnebensatz
untrennbar: 46

V

Veränderung: → Flexion, → Wortbildung, → innere Abwandlung
Veränderungsprobe: 7–8
Verb: 32–79, ferner 20–22; Gebrauch 33–39; Stellung 215–223; Terminologie 29–31, 47; auch → verbaler Teil, → finite Verbform (Personalform), → infinite Verbform, → Infinitivgruppe, → Partizipgruppe
verbale Wortkette: → Infinitivgruppe
verbaler Teil: 159–166; Stellung 215–223; auch → finite Verbform (Personalform), → infinite Verbform, → Infinitivgruppe, → Partizipgruppe
Verberstsatz: 217

Verbform: → finite Verbform (Personalform), → infinite Verbform
Verbletztsatz: 218
Verbzusatz: 46, 160, 163, ferner 42, 135
Verbzweitsatz: 216
Vergangenheit: 47–48; auch → Präteritum
Vergleichsform: 20–22; Adjektiv 131–133; Adverb 147
Verhältnissatz: 253, 267–285
Verschiebeprobe: 11, 169, 198–199
Vervielfältigungszahl: 28, 111
viel: 113
Vokal: 15–17
Vokalbuchstabe: 16–17
Vokalwechsel: 69, 71; auch → Ablaut, → Umlaut
von: 138–139, 209; bei Aktiv und Passiv 65–67
Vorfeld: 215–222
Vorgangspassiv: 68; auch → Handlungsrichtung
Vorgegenwart: 47; auch → Perfekt
Vorsilbe: → Präfix
Vorvergangenheit: 47; auch → Plusquamperfekt
Vorzeitigkeit: 276
Vorzukunft: 47; auch → Futur

W

Weglassprobe: 10
weiblich: → Genus
wenig: 113
werden: 34, 44; in Tempus- und Modusformen 50, 53, 55, 61–62, 77–79; in Passivformen 64–68, 75–79
werden-Passiv: 68; auch → Handlungsrichtung
wie: 131, 180; auch → Konjunktionalgruppe
Wirklichkeitsform: → Indikativ
wollen: 35, 45
Wort: 18
Wortart: 18–24, ferner 32–147; Kern von Wortgruppen 173–182; Geschichte der Wortarteinteilung 25–31

Wortbildung: 148–157; Zusammensetzung 149–152; Ableitung 153–156; Kurzwörter 157
Wortfolge: → Wortstellung
Wortform: 18–24; auch → Flexion
Wortgruppe: 167–210; Definition 168; formale Merkmale 173–182; funktionale Merkmale 183–191; inhaltliche Merkmale 192–193, ferner 205, 209; bei Präpositionen 136, 178; bei Konjunktionen 140, 180; Terminologie und Geschichte 179, 182, 186, 188, 190, 193, 211–214; auch → Satzglied, → Gliedteil
Wortlehre: 18–157
Wortstellung: finite Verbform (Personalform) 225–227, 161, 242–249; Verbzusatz 46, 163; Infinitiv 248; Partizip 249; Satzglieder 11, 161, 169
Wunschsatz: 226, 231
würde: 61–63

Z

Zahl: 20; Verb 40; Nomen 83–85, ferner 81, 88–90; Pronomen 93–94, ferner 97–114; Adjektiv 119, 129–130
Zahladjektiv: 28, 111–112
Zahladverb: 28, 111
Zahlnomen: 28, 111
Zahlpronomen: 28; bestimmtes Zahlpronomen 111–112; Indefinitpronomen 113
Zahlwort: 28; Zahlnomen 28, 111; Zahlpronomen 28, 111–113; Zahladjektiv 28, 111–112; Zahladverb 28, 111
Zeit: 29, 30, 47; auch → Tempus
Zeitformen: → Tempus
Zeitwort: 29; auch → Verb
zu: Überblick 135; beim Infinitiv 42, 248; beim Partizip I 43; als Verbzusatz 46; als Präposition 138; als Adverb 144
zugeordnetes Glied: 179
Zukunft: 47–50; auch → Futur
zusammengesetzter Satz: 233–239, 240–285; auch → Satzverbindung, → Satzgefüge

zusammengezogener Hauptsatz: 236
zusammengezogener Nebensatz: 236
zusammengezogener Satz: 236
zusammengezogener Teilsatz: 236
Zusammensetzung: 149–152, 156; Verb: feste (untrennbare) Zusammensetzung 46; unfeste (trennbare) Zusammensetzung 46
Zustandspassiv: 68, 76; auch → Passiv, → Passivvariante
Zweitstellung: → Verbzweitsatz
Zwielaut: → Diphthong